letras mexicanas

139

SOBRE CULTURA FEMENINA

Sobre cultura femenina

por

ROSARIO CASTELLANOS

Prólogo
GABRIELA CANO

letras mexicanas

FONDO DE CULTURA ECONÓMICA

Primera edición, 2005

1004618229 T

Comentarios y sugerencias: editor@fce.com.mx
www.fondodeculturaeconomica.com
Tel. (55)5227-4672 Fax (55)5227-4694

Diseño de forro: Mauricio Gómez Morin

D. R. © 2005, Fondo de Cultura Económica
Carretera Picacho-Ajusco, 227; 14200 México, D. F.

ISBN 968-16-7465-0

Impreso en México • *Printed in Mexico*

CONTENIDO

Sobre cultura femenina de Rosario Castellanos,
Gabriela Cano 9

SOBRE CULTURA FEMENINA

I. Planteamiento de la cuestión 41
II. Intermedio a propósito del método 80
III. Concepto de cultura 89
IV. Teoría de los valores 117
V. Descripción del espíritu 147
VI. El espíritu femenino 174
VII. Sobre cultura femenina 192

Conclusiones 215

Bibliografía 217

Índice original 225

SOBRE CULTURA FEMENINA
DE ROSARIO CASTELLANOS

LAS DESVENTAJAS sociales y la marginación cultural de las mujeres son temas centrales en la obra de Rosario Castellanos, quien les otorga una importancia primordial aun en *Balún-Canán* (1957), *Oficio de tinieblas* (1962) y *Ciudad Real* (1960), obras a las que generalmente se clasifica como literatura indigenista (o, si se prefiere, literatura neoindigenista: aquella que va más allá de la denuncia social, presenta a los indios como personajes complejos y profundiza en el universo sociocultural indígena desde una perspectiva mestiza). Esa clasificación literaria —indigenista o neoindigenista— destaca un aspecto de la temática de las novelas y los cuentos, pero elude el otro eje narrativo de dichas obras: las desventajas sociales y culturales que enfrentan las mujeres. "Detrás del vestido folclórico —explicó Rosario Castellanos— hay una preocupación más honda y verdadera: la situación de la mujer".[1] Figuras como "la niña desvalida, la solterona vencida, la adolescente encerrada, la esposa defraudada", son personajes femeninos enfrentados a situaciones límite que actúan como un hilo conductor tanto de obras del ciclo indigenista como de la producción narrativa de un periodo posterior: *Los convidados de agosto* (1964), *Álbum de familia* (1971) y la novela póstuma *Rito de iniciación* (1997). La preocupación feminista es más evidente en estas tres últimas obras, que constituyen un ciclo narrativo que la prematura muerte de la escritora dejó inconcluso.

Al recordar a Rosario Castellanos en 1975, con motivo del primer aniversario de su fallecimiento, José Emilio Pacheco observaba que "nadie en este país tuvo, en su momento, una conciencia tan clara de lo que significa la doble condición de mujer y de mexicana, ni hizo de esta conciencia la materia prima de su obra, la línea central de su trabajo. Naturalmente, no supimos leerla".[2] Afortunadamente, desde aquel entonces Rosario Castellanos ha ganado muchos lectores y su obra ha sido objeto de valoraciones críticas cada vez más

[1] Rosario Castellanos, "Satisfacción no pedida" (1971), en *El uso de la palabra*, México, Excélsior, 1975, p. 229.

[2] José Emilio Pacheco, "Nota preliminar" a *El uso de la palabra, ibidem*, p. 8.

afinadas que reconocen en la escritora a una de las inteligencias que mejor comprendieron los dilemas de las mujeres.[3]

La reflexión feminista de Rosario Castellanos incluyó cuestiones culturales, sociales, políticas, económicas y jurídicas; pero su mayor preocupación fue la escasa autoridad intelectual concedida a las mujeres, así como las dificultades que enfrentan para constituirse en sujetos creadores de obras culturales y artísticas. Aunque el tema de la marginalidad de las mujeres en la esfera de la creación permea toda su obra, tiene su primer registro en *Sobre cultura femenina*, ensayo de juventud que plantea preguntas a las que Castellanos volvería una y otra vez a lo largo de su vida.[4]

Sobre cultura femenina fue presentado en 1950 como tesis para obtener el grado de maestría en filosofía por la Universidad Nacional Autónoma de México. Es-

[3] Véase la útil apreciación de Carlos Monsiváis sobre el feminismo de la escritora en "Rosario Castellanos. La enseñanza y el olvido del llanto", en *Escritores en la diplomacia mexicana*, tomo II, México, Secretaría de Relaciones Exteriores, 2000, pp. 319-335. Un importante estudio de los discursos indigenista y feminista de algunas obras de Castellanos es el libro de Aralia López González, *La espiral parece un círculo. La narrativa de Rosario Castellanos. Análisis de "Oficio de tinieblas" y "Álbum de familia"*, México, Universidad Autónoma Metropolitana, 1991.

[4] Gabriela Cano, "Rosario Castellanos: entre preguntas estúpidas y virtudes locas", *Debate Feminista*, núm. 6, septiembre de 1992, pp. 253-259.

11

crita entre los 24 y 25 años, la tesis es antecedente de *Mujer que sabe latín...* (1973), libro emblemático de la visión feminista de la escritora que reúne ensayos de crítica literaria sobre algunas de sus escritoras contemporáneas preferidas. La tesis es también punto de partida para *Declaración de fe* (1997), una revisión crítica de la literatura mexicana escrita por mujeres. A pesar de la evidente continuidad en la indagación feminista de la escritora, hay una ruptura tajante entre la tesis y los ensayos posteriores.

Preparado según las normas al uso de una tesis universitaria de humanidades, el ensayo *Sobre cultura femenina* es indispensable para comprender una etapa temprana de la formación intelectual de quien se convertiría en una de las conciencias más lúcidas del siglo XX mexicano. El texto también tiene interés desde un punto de vista literario porque en las páginas de su tesis la escritora ensaya imágenes poéticas que serán recurrentes en su escritura y despliega la ironía que se convertiría en un rasgo distintivo de su obra de madurez.

Sobre cultura femenina salió a la luz en 1950, en una impresión de *América. Revista Antológica*, la olvidada publicación literaria que Efrén Hernández animaba a mediados del siglo XX y en la que también colaboraron Juan Rulfo, Margarita Michelena, Juan José Arreola,

Rodolfo Usigli y Dolores Castro, entre muchos otros jóvenes que empezaron a publicar a finales de los años cuarenta. La misma revista había publicado en 1948 el poemario *Apuntes para una declaración de fe,* que más adelante se convertiría en libro.[5] Los poemas juveniles de Rosario Castellanos se incluyeron en ediciones diversas y alcanzaron una amplia difusión. No ocurrió lo mismo con *Sobre cultura femenina,* que permaneció en el olvido por más de medio siglo. Salvo por alguna referencia erudita ocasional, la tesis era muy poco conocida aun entre especialistas. Por algún tiempo pudo consultarse en bibliotecas universitarias, pero más tarde la obra se volvió una rareza bibliográfica, inhallable en acervos públicos. Sin embargo, uno de los pocos ejemplares originales existentes se incluyó en la exposición "Materia memorable", que reunió manuscritos, primeras ediciones, traducciones, fotografías y objetos personales de Rosario Castellanos en el año de 1995.[6] Desde la vitrina de exhibición el gastado ejemplar, per-

[5] *Apuntes para una declaración de fe* apareció originalmente en *América. Revista Antológica,* núm. 58, noviembre-diciembre de 1948, y posteriormente se publicó como libro en 1953.

[6] La exposición "Materia memorable" abrió sus puertas en la Biblioteca México en 1995. La muestra reunió objetos de la escritora conservados en una bodega durante más de veinte años y otros pertenecientes a distintas colecciones personales. La curaduría estuvo a cargo de Eduardo Mejía.

teneciente a una colección privada, suscitaba el interés de admiradores y estudiosos de la escritora que no podían tener el libro en sus manos. Con la presente edición del Fondo de Cultura Económica, *Sobre cultura femenina* abandona el gabinete de las curiosidades bibliográficas para estar al alcance del público interesado.

A comienzos del siglo XXI asistimos a una legitimación creciente de los temas relativos a las mujeres, su historia y sus aportaciones a la cultura, la sociedad y la política. La visibilización de las contribuciones culturales del género femenino y el protagonismo de las mujeres en la historia está a la orden del día, tanto en el gusto del público lector como en los estudios académicos, en las humanidades y en las ciencias sociales. Pero en décadas anteriores tales asuntos se consideraban intrascendentes y de escaso interés editorial o periodístico. Por fortuna, las cosas han cambiado desde aquellos días en que el editor del diario *Novedades* se negó a publicar una entrevista sobre feminismo que Elena Poniatowska le hizo a Rosario Castellanos y recomendó a la periodista evitar esos temas. "Ay no, angelito —le dijo Fernando Benítez a Poniatowska—. Deja a las sufragistas por la paz. Aburren."[7]

---

[7] Elena Poniatowska entrevistó a Rosario Castellanos en siete ocasiones a principios de los años setenta, en los meses anteriores a su nombramien-

La presente edición de *Sobre cultura femenina* se suma a esfuerzos editoriales que en años recientes pusieron en circulación dos importantes escritos de Castellanos: *Rito de iniciación,* novela experimental centrada en los dilemas de una joven universitaria que ingresa a la sociedad literaria —manuscrito que la autora prefirió retirar de la imprenta tras recibir algunos juicios adversos— y un ensayo titulado póstumamente *Declaración de fe,* que permaneció inédito durante casi cuarenta años, hasta su publicación en 1997.

Sobre cultura femenina es una reflexión filosófica en torno a la marginalidad de las contribuciones literarias, artísticas y científicas de las mujeres a la cultura occidental. El tema fue abordado paradigmáticamente por la escritora inglesa Virginia Woolf en *Una habitación propia* (1929), ensayo clásico del feminismo del siglo XX, en el que reflexiona sobre las dificultades que enfrentan las mujeres dedicadas a la escritura y al pensamiento, a través de una fábula sobre Judith Shakespeare, hermana imaginaria de William Shakespeare,

to como embajadora de México en Israel. Las entrevistas se publicaron más de treinta y cinco años después: Elena Poniatowska, "Castellanos, precursora del feminismo en México", *La Jornada*, 12-15 de septiembre de 2004. Poniatowska aprovecha estas conversaciones en el perfil biográfico: "Rosario Castellanos: ¡Vida nada te debo!", publicado en Elena Poniatowska, *¡Ay vida, no me mereces!*, México, Editorial Joaquín Mortiz, 1985, pp. 93-132.

también escritora y dotada del mismo talento literario que el dramaturgo. A pesar de su gran capacidad creativa, a ella le es imposible producir una obra literaria relevante debido a los obstáculos que impone una sociedad dominada por valores patriarcales. Al preparar su tesis, Castellanos no tuvo al alcance *Una habitación propia,* pero pudo consultar *Tres guineas* (1938), el otro célebre ensayo feminista de Woolf, más radical en su análisis, y en donde la autora establece una relación entre el militarismo y los valores patriarcales que excluyen a las mujeres de la cultura y de las decisiones políticas.

Al mismo tiempo, *Sobre cultura femenina* se inscribe en el "ensayo de género", una tradición de escritura cuya importancia dentro de la cultura latinoamericana apenas empieza a reconocerse. De acuerdo con Mary Louise Pratt, el término "ensayo de género" se refiere a un vasto conjunto de textos, escritos casi siempre por autoras, que discuten el estatuto de las mujeres en la sociedad y confrontan la pretensión masculina de monopolizar la historia, la cultura y la autoridad intelectual. Formulado desde perspectivas teóricas diversas, el ensayo de género se desenvuelve en un espectro ideológico muy amplio y sus formas son variadas: artículos de revista, libros impresos y aun intervenciones oratorias.[8] Son ensayos de género, entre muchos otros: "La mujer" (1860), de la cubana Gertrudis Gómez de Avellaneda; "La educación científica de la mujer" (1873), del puertorriqueño Eugenio de Hostos; "Influencia de la mujer en la formación del alma americana" (1931), de la venezolana Teresa de la Parra, y "La mujer y su expresión" (1935), de la argentina Victoria Ocampo. Entre las contribuciones mexicanas, se pueden mencionar: "La educación errónea de la mujer y medios prácticos para corregirla" (1891), de Laureana Wright de Kleinhans; *Apuntes sobre la condición de la mujer* (1891), de Genaro García; "La mujer y el porvenir" (1915), de Hermila Galindo, y "La mujer y la revolución" (1937), de Matilde Rodríguez Cabo.[9] Por supuesto, *Mujer que sabe latín...* y *Declaración de fe* son ensa-

[8] Mary Louise Pratt, "No me interrumpas: las mujeres y el ensayo latinoamericano", *Debate Feminista*, núm. 21, abril de 2000, pp. 70-88.

[9] Gertrudis Gómez de Avellaneda, "La mujer", *Poesías y cartas*, edición de Ramón Gómez de la Serna, Buenos Aires, Espasa-Calpe, 1945; Teresa de la Parra, "Influencia de la mujer en la formación del alma americana", *Obra escogida*, México, Fondo de Cultura Económica, 1992, pp. 13-97; Victoria Ocampo, "La mujer y su expresión", *Debate Feminista*, núm. 21, abril de 2000, pp. 61-69; Laureana Wright de Kleinhans, "La emancipación de la mujer por medio del estudio", *La Mujer Mexicana*, vol. 2, núm. 9, 15 de julio de 1905; Genaro García, *Apuntes sobre la condición de la mujer;* Hermila Galindo, "La mujer y el porvenir", *1916. Primer Congreso Feminista de México*, México, Infonavit, 1975, pp. 195-202, y Matilde Rodríguez Cabo, *La mujer y la revolución*, México, Frente Socialista de Abogados, 1937.

yos de género, al igual que muchos de los textos periodísticos de Castellanos, como también lo es "La abnegación: una virtud loca", discurso pronunciado ante el presidente Luis Echeverría en 1971, poco antes de recibir el nombramiento diplomático de embajadora de México en Israel. Es una valiente intervención oratoria, en donde la escritora impugna el triunfalismo con respecto a la supuesta igualdad de las mujeres del gobierno mexicano y señala las flagrantes injusticias que marcaban la existencia de la mayor parte de la población femenina en el país.[10]

La autora de *Sobre cultura femenina* empezó a trabajar en su tesis hacia 1948, a los veintitrés años. A la formación católica de infancia, y preparación adquirida en escuelas particulares, se añadió una educación intelectual universitaria que incluía tanto autores clásicos como pensadores modernos. A finales de los cuarenta, en la Facultad de Filosofía y Letras de la universidad, todavía tenía mucho peso el humanismo cristiano de Antonio Caso, al tiempo que el existencialismo dejaba sentir su influencia entre los estudiantes y profesores más jóvenes, y la "filosofía de lo mexicano" ganaba adeptos.

[10] Rosario Castellanos, "La abnegación: una virtud loca", *Debate Feminista*, núm. 6, septiembre de 1992, pp. 272-292, y "La liberación de la mujer, aquí", *Debate Feminista,* núm. 12, octubre de 1995, pp. 351-354.

La Facultad de Filosofía y Letras era la mejor posibilidad para la educación intelectual humanística de las mujeres a mediados del siglo XX. La mayor parte de la población estudiantil estaba constituida por ellas y, en 1942, un grupo de alumnas de letras publicó *Rueca*, revista literaria que alcanzó veinte números y dio a conocer a autores jóvenes que compartieron las páginas de la revista con escritores consagrados. De Rosario Castellanos *Rueca* publicó un par de poemas y una reseña bibliográfica sobre *El corazón transfigurado,* libro de poemas de su amiga Dolores Castro.[11] Más tarde, Rosario Castellanos le dedicó a Dolores Castro *Sobre cultura femenina.* La amistad entre las dos escritoras, iniciada cuando cursaban el tercer año de la secundaria, se consolidó en la universidad. Las amigas ingresaron primero a la carrera de derecho, y luego de un año de estudios prefirieron inscribirse en la Facultad de Filosofía y Letras. En ese primer año murieron los padres de Rosario Castellanos y ella se instaló a vivir sola. Al obtener el título universitario, las amigas viajaron juntas a España y vivieron durante un año en Madrid.[12]

[11] *Rueca*, segunda época, vol. IX, núm. 20, 1952-1953, edición facsimilar, México, Fondo de Cultura Económica, 1984, tomo III, pp. 532-533.

[12] Hernán Becerra Pino, "Dolores Castro: retrato de Rosario Castellanos", *Siempre!*, 15 de mayo de 1997, pp. 58-59.

Entre las profesoras de esa Facultad de Filosofía y Letras estaban las primeras mujeres que obtuvieron doctorados en filosofía: Luz Vera y Paula Gómez Alonso. Rosario Castellanos no parece haber visto con consideración a sus profesoras, mujeres intelectuales de la generación que precedió a la suya; más bien las juzgaba con la severidad de la juventud. *Sobre cultura femenina* omite mencionar la tesis de maestría de Paula Gómez Alonso, que parte de una preocupación parecida y se tituló *La cultura femenina* (1933).[13]

Rosario Castellanos eligió la carrera de filosofía luego de incursionar en las aulas de derecho y literatura. La enseñanza universitaria de las letras, con su énfasis en la enumeración de fechas y nombres, el catálogo de estilos y el análisis de recursos literarios, decepcionó a la joven escritora que por algo obtuvo una calificación mediocre en el curso de literatura hispanoamericana.[14] Escribía desde pequeña, y aunque al comenzar la redacción de la tesis ya había publicado *Trayectoria del polvo* (1948), su primer libro de poesía, también reco-

[13] Gabriela Cano, *De la Escuela de Altos Estudios a la Facultad de Filosofía y Letras, 1910-1929. Un proceso de feminización*, tesis de doctorado en historia, México, Facultad de Filosofía y Letras, UNAM, 1996.

[14] Archivo Histórico de la UNAM, expediente de la alumna Rosario Castellanos. Relación de estudios realizados en la Facultad de Filosofía y Letras, 1947.

nocía que su principal inclinación vocacional era la de entender las cosas del mundo. Esa inclinación la orientó a las aulas de la carrera de filosofía, con la esperanza de encontrar respuestas a "las grandes preguntas. Que a saber son: ¿por qué?, ¿para qué?, ¿cómo?" Sin embargo, a pesar de su talento, Rosario nunca se sintió cómoda en la carrera de filosofía y pronto descubrió que su manera de entender los conceptos era a través de imágenes: "El lenguaje filosófico me resultaba inaccesible y las únicas nociones a mi alcance eran las que se disfrazaban de metáforas…"[15]

Al enfrentar la redacción de la tesis, sintiéndose ajena al lenguaje y a la argumentación filosóficos, Castellanos consideró que en vez de abordar uno de los grandes problemas del pensamiento occidental era mejor ocuparse de un asunto específico, relativo a la filosofía de la cultura, y que además tenía relación directa con los dilemas que, en lo personal, ella enfrentaba al iniciarse en la escritura y en la reflexión filosóficas.[16] El problema elegido fue la existencia de la cultura femenina. La interrogante central se desglosaba en varias par-

[15] Rosario Castellanos, "Si poesía no eres tú, entonces qué", *Obras,* II, p. 1003.
[16] Elena Poniatowska, "Castellanos, precursora del feminismo en México I y II", *La Jornada,* 12 y 13 de septiembre de 2004.

tes: ¿existe o no una cultura femenina?, ¿es diferente de la creada por el hombre? Y si no existe ¿a qué puede atribuirse esa falta de existencia?

Entreverada con las interrogantes filosóficas estaba la angustia de una joven con vocación literaria que resentía lo adverso del ambiente social y cultural ante la actividad intelectual de las mujeres, en una época en que aun en medios universitarios prevalecían nociones estrechas y estereotipadas sobre lo femenino y lo masculino. En la Facultad de Filosofía y Letras "una tenía que hacerse la tonta para poder tener una relación amistosa con los compañeros" y se pensaba que la actividad profesional, incluida la literaria, era incompatible con una vida sentimental plena y una familia bien estructurada y, por lo tanto, las mujeres tenían que elegir una u otra alternativa.[17]

Sobre cultura femenina arranca con la constatación del carácter androcéntrico de la cultura, concepto que estará presente en la obra posterior de Castellanos y que aquí se expresa de manera contundente: "El mundo que para mí está cerrado tiene un nombre: se llama cultura. Sus habitantes son todos del sexo masculino. Ellos se llaman a sí mismos hombres y humanidad a la

---

[17] Elena Poniatowska, *La Jornada, op. cit.*

facultad de residir en el mundo de la cultura". Enseguida surge la pregunta por aquellas mujeres que "se separaron del resto del rebaño e invadieron un terreno prohibido". Ésta es la interrogante central que surge de las inseguridades que la joven universitaria vive en carne propia. Castellanos ansía encontrar figuras ejemplares y comprender cómo le hicieron aquellas mujeres que superaron el poderoso androcentrismo de la cultura y lograron convertirse en pintoras, escultoras, científicas y escritoras, sobre todo escritoras. En otras palabras: "¿Cómo lograron introducir su contrabando en fronteras tan celosamente vigiladas? Pero, sobre todo, ¿qué fue lo que las impulsó de un modo tan irresistible a arriesgarse a ser contrabandistas? Porque lo cierto es que la mayor parte de las mujeres están muy tranquilas en su casa y en sus límites, sin organizar bandas para burlar la ley. Aceptan la ley, la acatan, la respetan. La consideran adecuada. ¿Por qué entonces ha de venir una mujer que se llama Safo, otra que se llama Santa Teresa, otra a la que nombran Virginia Woolf, alguien que se ha bautizado Gabriela Mistral...?"

Aunque Rosario Castellanos se resiste a identificarse con Safo, Santa Teresa, Virginia Woolf o Gabriela Mistral, no puede dejar de verlas como modelos y busca en ellas las claves necesarias para afirmarse en su vocación literaria: "¿De dónde extrajeron la fortaleza?" A esa pregunta le seguía —es fácil adivinarlo— la referida a sí misma: ¿encontraré yo esa misma fortaleza para realizar la hazaña de convertirme en escritora y hacerme un lugar propio en la cultura?

La conclusión principal de *Sobre cultura femenina* es considerar a la producción cultural como una tentativa masculina a la que los hombres recurren para trascender en el mundo. En otras palabras, los actos culturales son considerados vías para alcanzar permanencia y superar la finitud humana. Las mujeres, por su parte, logran esa trascendencia a través de la maternidad y, por lo tanto, no tienen necesidad de producir cultura para permanecer en el mundo. La marginalidad de las mujeres no se debe a su incapacidad creativa o intelectual sino a la falta de interés por emprender obras culturales: "La mujer, en vez de escribir libros, de investigar verdades, de hacer estatus, tiene hijos". Al establecer la capacidad creativa de las mujeres, el razonamiento abre el camino de la cultura como una posibilidad para aquellas que, por diversas circunstancias, no son madres, alternativa que sin embargo perdió vigencia en el mundo de la posguerra.

Al mismo tiempo, *Sobre cultura femenina* rebate la inferioridad intelectual atribuida a las mujeres, proclamada por "los detractores del género femenino": Arthur Schopenhauer, Otto Weininger, Friedrich Nietzsche, y sobre todo J. P. Moebius, autor de *La inferioridad mental de la mujer* (1903, en traducción al español), entre otros pensadores estudiados en la tesis. Aunque la noción decimonónica sobre la incapacidad intelectual del género femenino era moneda corriente en el México de los años cincuenta, esa idea comenzaba a resquebrajarse, muy lentamente, en el ambiente universitario de la Facultad de Filosofía y Letras de la universidad.

Durante varios años, Rosario Castellanos hizo extensiva a su vida personal la conclusión filosófica de *Sobre cultura femenina* y vivió atormentada por la convicción —que más tarde abandonaría— de que, en las mujeres, la vocación literaria era incompatible con el deseo de tener hijos: "Puesto que yo quería hacer cultura, renunciaba a la maternidad y ése fue el tema de algunos libros de poesía... Después cambié de opinión..."[18] Con el tiempo, Castellanos se convertiría en escritora y descubriría que la vida profesional no necesariamente excluía a la maternidad ni a la vida familiar, aunque ese camino presentaba dificultades enormes.

[18] Elena Poniatowska, *La Jornada, op. cit.*

En el nivel teórico, la escritora también abandonaría la conclusión propuesta en la tesis, relativa a la maternidad como vía privilegiada de las mujeres para convertirse en sujetos trascendentes (sustentada en la teoría de los valores de Max Scheler, representante de la fenomenología alemana). También dejaría atrás la atribución de cualidades subjetivas inmutables y esferas de acción social distintas y predeterminadas a hombres y mujeres. Ya en los años setenta, Rosario Castellanos no tenía empacho en reconocer que su reflexión juvenil había perdido vigencia: "*Sobre cultura femenina* es un libro viejo que ya no me atrevería a sostener".[19]

El rechazo de la conclusión central de *Sobre cultura femenina* ocurrió a partir de que Rosario Castellanos hizo suya la filosofía existencialista y, en especial, el pensamiento de Simone de Beauvoir. Castellanos explicaría la transformación de su postura en un ensayo dedicado a la escritora francesa: "Lo que un momento se nos apareció como un destino inmutable —el ser hombre o el ser mujer como un conjunto de cualidades esenciales cuya constancia no puede tener más excepción que la anormalidad— se nos vuelve de pronto una relación dinámica en que los atributos de cada

[19] Elena Poniatowska, *La Jornada, op. cit.*

26

uno de sus componentes dependen de una serie de circunstancias económicas y políticas".[20] Castellanos se
convenció de que las mujeres llegan a ser tales a través
de un proceso social y cultural que les imprime cualidades femeninas, y que su condición, por lo tanto, no
está predeterminada por la naturaleza, ni constituye
una esencia. La premisa de *El segundo sexo* de Simone
de Beauvoir, "No se nace mujer: llega una a serlo", piedra de toque de las teorías de género, recorre toda la
obra de madurez de Rosario Castellanos

Aunque Castellanos no escribió un texto específico
sobre *El segundo sexo*, dedicó cuatro largos ensayos a
las memorias de la francesa.[21] La impronta del pensamiento de Beauvoir se aprecia en "La mujer y su imagen", ensayo central de *Mujer que sabe latín…*, en donde reclama para las mujeres una existencia auténtica
que puede lograrse mediante el rechazo a "esas falsas
imágenes que los falsos espejos ofrecen a la mujer en
las cerradas galerías donde su vida transcurre".[22] Al

[20] Rosario Castellanos, "El amor en Simone de Beauvoir", en *Obras,* II,
p. 650.

[21] Rosario Castellanos, "Simone de Beauvoir o la lucidez", "*La fuerza de
las cosas*", "Simone de Beauvoir o la plenitud", "El amor en Simone de Beauvoir", en *Obras,* II, pp. 624-657.

[22] Rosario Castellanos, "La mujer y su imagen", *Obras,* II. *Poesía, teatro y
ensayo*, comp. y notas de Eduardo Mejía, México, Fondo de Cultura Económica, 1995, p. 573.

desdeñar los mitos de la feminidad y enfrentarse a las disyuntivas de la libertad, las mujeres pueden encontrar los caminos que las llevarán a convertirse en seres humanos y libres, según reza su célebre poema "Meditación en el umbral".

Tanto *Declaración de fe* como *Mujer que sabe latín...* están imbuidos de una perspectiva existencialista que está ausente en *Sobre cultura femenina*. Castellanos era lectora de obras existencialistas desde sus años estudiantiles,[23] pero hizo suya esa perspectiva filosófica sólo varios años después de concluir su tesis universitaria. Probablemente eso ocurrió a partir de que Castellanos conoció *El segundo sexo,* hacia mediados de la década de los cincuenta, cuando la edición en español apareció bajo el sello de la editorial Psique de Buenos Aires.

La edición original francesa de *El segundo sexo* se publicó en París a mediados de 1949, cuando Rosario Castellanos ya trabajaba en la redacción de su tesis, pero ella no tuvo a la mano el célebre libro, que no se menciona ni en el texto ni en la bibliografía final de

---

[23] Una de las primeras reseñas bibliográficas publicadas por Rosario Castellanos se ocupó de *La náusea,* de Jean-Paul Sartre, y apareció en *Summa Bibliográfica,* junio-julio de 1948; Aurora Ocampo, *Diccionario de escritores mexicanos,* México, UNAM, 1988, tomo III, p. 335.

Sobre cultura femenina. Tampoco menciona ninguna otra obra de la filósofa francesa, ni siquiera el artículo publicado en México en 1947, en *Ideas. Revista de las Mujeres de América*, que, por cierto, es una de las primeras traducciones de Beauvoir al castellano aparecidas en América Latina.[24]

Por una curiosa coincidencia, Simone de Beauvoir viajó a México en el verano de 1948, en los mismos momentos en que la alumna de Filosofía y Letras comenzaba a preparar *Sobre cultura femenina*. Beauvoir estaba en medio de la redacción de su célebre libro cuando tomó un descanso para hacer un viaje turístico a México en compañía del escritor estadunidense Nelson Algren, cronista de los barrios bajos de Chicago. La pareja visitó la zona maya —llegaron hasta Guatemala pero no se detuvieron en Chiapas— y pasaron varios días en la ciudad de México, donde se divirtieron haciendo incursiones en los bajos fondos de la capital. Era un viaje de placer y prefirieron mantenerse al margen de círculos intelectuales y estudiantiles. Nadie se enteró de la presencia de Beauvoir en el país, ni siquiera los jóvenes universitarios del grupo *Hyperión* que pasaban largas

---

[24] Simone de Beauvoir, "La situación de la mujer en Francia", *Ideas. Revista de las Mujeres de América*, núms. 39 y 40, octubre y noviembre/diciembre de 1947.

horas en la cafetería de la Facultad de Filosofía y Letras, en Mascarones, enfrascados en conversaciones en torno a las ideas de Jean-Paul Sartre y Albert Camus.

Todavía sin adentrarse en la obra de Beauvoir, en 1951 Rosario Castellanos tuvo ocasión de saludar personalmente a la pensadora y a Jean-Paul Sartre durante una estancia de fin de semana en París. Rosario viajó a la capital francesa en compañía de Dolores Castro. Las jóvenes residían en ese entonces en España; Rosario era becaria del Instituto de Cultura Hispánica y Dolores se iniciaba en el periodismo. Por su parte, Octavio Paz se desempeñaba como funcionario diplomático en la embajada de México en Francia y alternaba con intelectuales franceses. El breve encuentro con la pareja fue significativo para Castellanos, quien mencionó el hecho en carta a Ricardo Guerra, su futuro marido y entonces joven profesor de filosofía, asiduo lector de los existencialistas: "Y Octavio Paz nos presentó, cáite cadáver, con Sartre y con Simone de Beauvoir".[25] Para ese momento la francesa ya era una escritora connotada y probablemente apenas reparó en las dos tímidas muchachas mexicanas que a duras penas balbuceaban su lengua. Menos pudo imaginar que la joven formal

<hr />

[25] Rosario Castellanos, *Cartas a Ricardo*, 2ª edición corregida y aumentada, México, Conaculta, 1999, p. 97.

que entonces era Rosario Castellanos se convertiría en una de las mayores intérpretes latinoamericanas de su pensamiento.

Sobre cultura femenina no puede reducirse al argumento filosófico. Es necesario reconocer que la tesis se desenvuelve en dos niveles discursivos: el de la argumentación teórica y el de las imágenes literarias que dan cuerpo al razonamiento expuesto. Aunque uno y otro discursos casi siempre son complementarios, por momentos la argumentación y las imágenes parecen ir por caminos distintos y hasta contradictorios. Esa tensión entre los conceptos y las metáforas imprime un sello particular a la obra y otorga interés a *Sobre cultura femenina,* a pesar de que algunos de sus planteamientos filosóficos hayan perdido actualidad.

La misma tensión entre la argumentación filosófica y las imágenes literarias explica, en parte, que la defensa pública de la tesis transcurriera lejos de la solemnidad que es usual en los exámenes profesionales. La sesión, efectuada el 23 de junio de 1950 en el aula José Martí del edificio de Mascarones, antigua sede de la Facultad de Filosofía y Letras, se inundó de carcajadas. Los miembros del sínodo —profesores Eusebio Castro, Paula Gómez Alonso, Eduardo Nicol, Leopoldo Zea y Bernabé Navarro— no podían contener la risa ante los retruécanos que la sustentante introducía en la discusión filosófica. El público asistente también reía a carcajadas.[26]

Si la conclusión filosófica de *Sobre cultura femenina* perdió vigencia, no ocurrió lo mismo con las imágenes literarias que fueron perdurables en la escritora y hoy mantienen su fuerza. La metáfora de las mujeres intelectuales como lagartos o reptiles, "monstruo en su laberinto", seres raros que provocan rechazo y suelen estar excluidos de toda sociabilidad, especialmente de las relaciones sociales masculinas, tiene su raíz en la imagen de las serpientes marinas con las que Castellanos equipara a las mujeres intelectuales en *Sobre cultura femenina*. Si algunos visionarios reconocen la existencia de ese raro ejemplar zoológico que son las serpientes marinas, también hay "un coro de hombres cuerdos que permanecen en las playas y que desde ahí sentencian la imposibilidad absoluta de que las mujeres cultas o creadoras de cultura sean algo más que una alucinación, un espejismo o una morbosa pesadilla".

Tan perdurable como las imágenes literarias de *Sobre cultura femenina* fue la actitud crítica rigurosa, aje-

[26] Archivo Histórico de la UNAM, expediente de la alumna Rosario Castellanos, y Rosario Castellanos, *Los narradores ante el público* (1966), en *Obras*, II, p. 1010.

na a las complacencias, con que Rosario Castellanos valora las producciones culturales de las mujeres. Desde joven la autora se distancia de un feminismo superficial: no quiere exaltar gratuitamente las producciones culturales de mujeres ni se propone defender a las escritoras, sino que busca entender y explicar sus obras utilizando la misma vara empleada para valorar a la literatura escrita por hombres. La intención explicativa prevalece en la revisión de la literatura mexicana escrita por mujeres que emprende en *Declaración de fe,* en los ensayos sobre escritoras contemporáneas de *Mujer que sabe latín…* y en los numerosos prólogos y reseñas publicadas en revistas a lo largo de los años.

Sobre cultura femenina es uno de los principales ensayos de género del siglo XX mexicano. En esta breve obra de juventud se encuentran las raíces intelectuales de una de las más importantes escritoras contemporáneas, para quien el feminismo fue una indagación intelectual duradera, merecedora de una reflexión profunda. Al mismo tiempo, es una obra visionaria en varios sentidos. Su impugnación de la escasa autoridad intelectual otorgada a las mujeres y de la marginalidad de sus producciones intelectuales y artísticas, es precursora de la crítica al androcentrismo cultural, una vertiente central del pensamiento feminista y de los es-

33

tudios de género contemporáneos. Su propuesta es también precursora y otorga fundamento a los tan necesarios esfuerzos académicos y periodísticos por visibilizar y valorar las producciones culturales de las mujeres y de sus contribuciones a la sociedad, esfuerzos que ya son indispensables al hacer una revisión contemporánea de la historia de la cultura mexicana.

SOBRE CULTURA FEMENINA

Puesto que, al parecer, no se conserva un original manuscrito de la tesis de maestría *Sobre cultura femenina,* de Rosario Castellanos, esta edición sigue la publicada en 1950 por Ediciones de América, Revista Antológica. Se entresacaron las citas textuales, se cambió el formato de la bibliografía y se corrigieron errores tipográficos.

Para Dolores Castro

Nuestras doctrinas no suelen ser sino la justificación *a posteriori* de nuestra conducta o el modo como tratamos de explicárnosla para nosotros mismos.

Yo no diré que sean las doctrinas más o menos poéticas o infilosóficas que voy a exponer, las que me hacen vivir; pero me atrevo a decir que es mi anhelo de vivir y de vivir por siempre el que me inspira esas doctrinas.

MIGUEL DE UNAMUNO
Del sentimiento trágico de la vida

I. PLANTEAMIENTO DE LA CUESTIÓN

¿EXISTE una cultura femenina? Esta interrogación parece, a primera vista, tan superflua y tan conmovedoramente estúpida como aquella otra que ha dado también origen a varios libros y en la que destacados oficiales de la Armada Británica se preguntan, con toda la seriedad inherente a su cargo, si existe la serpiente marina.[1] La naturaleza de ambos problemas, aparentemente tan desconectados, tiene un lejano parentesco ya que en los dos se examina cuidadosa, rigurosamente, la validez con la que corre, desde tiempos inmemoriales, un rumor. Asimismo se procede, para dictar el fallo, a la confrontación de los testimonios, ya sean en pro ya en contra, de las hipótesis afirmativas. Porque hay quienes aseguran —y son siempre lobos de mar con ojos de lince— haber visto el antedicho ejemplar

---

[1] Condensación del libro de T. E. Gould, *The Case of Serpent Sea,* aparecida en la revista *Selecciones del Reader's Digest,* editada en español en La Habana, Cuba, tomo XVII, ejemplar número 88, correspondiente al mes de agosto de 1948.

zoológico y hasta son capaces de describirlo (aunque estas descripciones no concuerden entre sí ni resulten siquiera verosímiles), de la misma manera que otros aseguran haber presenciado fenómenos en los que se manifiesta la aportación de la mujer a la cultura por medio de obras artísticas, investigaciones científicas, realizaciones éticas. Pero hay también, al lado de estos generosos y frecuentemente exagerados visionarios, un coro de hombres cuerdos que permanecen en las playas y que desde allí sentencian la imposibilidad absoluta de que monstruos tan extraordinarios como las serpientes marinas y las mujeres cultas o creadoras de cultura, sean algo más que una alucinación, un espejismo, una morbosa pesadilla. Y, para llevar hasta su fin el paralelo, el ánimo de quien pondera las tesis y antítesis respectivas queda en suspenso. ¿Cómo conciliar los extremos opuestos? ¿Y cómo inclinarse hacia uno cualquiera de ellos si pesan tanto las afirmaciones vehementes como las negativas rotundas? Dejemos que los técnicos de la Armada de Su Majestad continúen deliberando y que mientras tanto la Enciclopedia Británica guarde en prudente reserva sus opiniones. Nosotros vamos en persecución de la otra quimera.

No somos, por desdicha, los primeros. No encontraremos pues un continente virgen ni aun una isla inédita. Nos han precedido en la aventura pensadores tan ásperos como Schopenhauer, tan apasionados como Weininger, tan mesurados como Simmel. Y ¿cuál ha sido el dictamen que rindieron a su regreso? Leámoslo:

Arturo Schopenhauer, en su célebre tratado *Sobre las mujeres*,[2] empieza diciendo:

Sólo el aspecto de la mujer revela que no está destinada ni a los grandes trabajos de la inteligencia ni a los grandes trabajos materiales. Paga su deuda a la vida no con la acción sino con el sufrimiento: los dolores del parto, los inquietos cuidados de la infancia: tiene que obedecer al hombre, ser una compañera paciente que le serene [...] Cuanto más noble y acabada es una cosa más lento y tardo desarrollo tiene. La razón y la inteligencia del hombre no llegan a su auge hasta la edad de veintiocho años; por el contrario, en la mujer la madurez de espíritu llega a la de dieciocho. Por eso tiene siempre un juicio de esta edad, medido muy estrictamente, y por eso las mujeres son toda la vida verdaderos niños. No ven más que lo que tienen delante de los ojos, se fijan sólo en lo presente, toman la apariencia por lo real y prefieren las fruslerías a las cosas más importantes. Lo que distingue al hombre del animal es la razón. Confinado en el presente se vuelve hacia el pasado y sueña con el porvenir; de

[2] Arturo Schopenhauer, *El amor, las mujeres y la muerte*, sin consignación de traductor, Ediciones Mexicanas, México, 1945.

43

ahí su prudencia, sus preocupaciones, sus frecuentes aprensiones. La débil razón de la mujer no participa de esas ventajas ni de esos inconvenientes. Padece miopía intelectual, que, por una especie de intuición, le permite ver de un modo penetrante las cosas próximas: pero su horizonte es muy pequeño y se le escapan las cosas remotas. La mujer, más absorta en el momento presente, goza más de él que nosotros. Van derechas al fin por el camino más corto, porque en general sus miradas se detienen en lo que está a su mano. [...] Como las mujeres han sido creadas únicamente para la propagación de la especie y toda su vocación se concentra en ese punto, viven más para la especie que para los individuos y toman más a pecho los intereses de la especie que los intereses individuales. Excepciones aisladas y parciales no cambian las cosas en nada. Tomadas en conjunto las mujeres son y serán las nulidades más cabales e incurables.

Otto Weininger,[3] el filósofo precoz y suicida como lo han bautizado sus comentadores, tal vez va un poco más allá que su antecesor, no en el contenido de las ideas sino en el desmenuzamiento y precisión de ellas.

La mujer no es otra cosa que sexualidad: el hombre es sexual pero también es algo más. El hombre se preocupa por muchas

[3] Otto Weininger, *Sexo y carácter*, traducción de Felipe Jiménez de Asúa, Biblioteca Filosófica, Editorial Losada, Buenos Aires, 1942.

otras cosas: la lucha, el juego, la sociabilidad y la buena mesa, la discusión y la ciencia, los negocios y la política, la religión y el arte. [...] En las mujeres, pensar y sentir son dos actos inseparables. El hombre tiene los mismos contenidos psíquicos que la mujer pero en forma articulada y mientras ésta piensa más o menos en hénide (es decir, en nebulosa) aquél piensa ya en representaciones claras y distintas que se ligan con sentimientos determinados que le permiten separarlos de todo el resto. Cada vez que se trata de expresar un nuevo juicio y no de repetir un concepto ya expresado, la mujer espera siempre del hombre la clasificación de sus propias representaciones oscuras, la interpretación de las hénides. La mujer recibe su conciencia del hombre: la función sexual del hombre tipo frente a la mujer tipo que constituye su complemento ideal es transformarla en consciente. La genialidad, o lo que es lo mismo, la originalidad, individualidad y condiciones especiales para crear, es la que se halla más distante del estado de hénide pues posee la mayor claridad y transparencia. La genialidad por lo tanto aparece ya como una especie de masculinidad superior y en consecuencia la mujer nunca podrá ser genial, pues la mujer vive de un modo inconsciente mientras que el hombre es consciente y todavía más consciente el genio. La característica más segura, general y fácil de demostrar del genio es la memoria universal. Trátese de una memoria para la experiencia y no del recuerdo de lo aprendido. El hombre genial, al referirse a un suceso de

45

tiempos pasados, jamás emplea la frase "ya no es verdadero". Antes bien, para él no hay nada que no sea verdadero precisamente porque tiene una idea más clara que todos los demás hombres de los cambios que se producen en el curso del tiempo. De la memoria de los hombres depende también, como es natural, la medida en que sean capaces de observar tanto las diferencias como las semejanzas. Esta facultad se desarrollará en mayor grado en aquellas personas cuyo pasado se proyecta sobre su presente y en las cuales los diferentes momentos de su vida constituyen un todo que permite homologar los diversos sucesos. Tendrán así numerosas ocasiones de emplear las comparaciones y lo harán precisamente con aquel "tertium comparationis" que para nuestro objeto es el más importante. Evocarán los sucesos del pasado que tengan la máxima semejanza con el presente dado que ambos parecen ante sus ojos de modo tan claro y articulado que no permite pasen inadvertidas las semejanzas y diferencias; de aquí que desafiando la influencia de los años se mantengan vivos en la mente recuerdos muy remotos. No es pues absurdo el hecho de considerar como la mejor cualidad de los poetas aquella de saber establecer bellas comparaciones y descripciones y que al leer a Homero, a Shakespeare, a Klopstock, esperemos impacientes sus imágenes favoritas. En la actualidad, cuando por primera vez en siglo y medio Alemania carece de grandes artistas y de grandes pensadores y en cambio es difícil encontrar a alguien que no haya escrito algo, se buscarán inútilmente esas bellas y lúcidas comparaciones. Un periodo cuya esencia se describe mejor en vagas y dudosas palabras y cuya filosofía ha venido a ser una filosofía del inconsciente no puede contener nada grande. La grandeza es conciencia y ante ella las nieblas del inconsciente se esfuman como ante los rayos del sol. Sólo en la completa conciencia, en la cual todos los acontecimientos del pasado gravitan con gran intensidad en los acontecimientos del presente, puede encontrar un lugar la fantasía, esa condición necesaria para las creaciones tanto filosóficas como artísticas. La capacidad de poder dar forma a un caos es propia precisamente de aquellos individuos que poseen la memoria más extensa gracias a su apercepción más general, es decir, la característica del genio masculino. Probablemente existen muy pocos hombres que en ningún momento de su vida hayan sido geniales. Y si no lo han sido podría decirse que tan sólo les ha faltado la oportunidad. Una gran pasión, un gran dolor. Si alguna vez hubieran vivido intensamente hubieran sido, al menos por el momento, geniales. En cambio la mujer conserva únicamente una clase de recuerdos: los que se refieren al impulso sexual y a la procreación. Recordará vivamente al hombre que ha amado y al que la ha pretendido, su noche de bodas, sus hijos, así como sus muñecas, las flores que le han sido ofrecidas en los bailes a los que ha asistido, el número, tamaño y precio de los ramos, las serenatas que le fueron dedicadas, las poesías que ella imagina han sido compuestas para ella, las palabras del hombre que la ha impresionado, y sobre todo, sabrá reproducir con una exactitud tan ridícula como necesaria, todos los cumplimientos que ha recibido durante su vida. La memoria continua significa el triunfo sobre el tiempo, por tanto la memoria continua se presenta como la expresión psicológica del principio lógico de identidad. Para la mujer absoluta a quien aquélla falta, este principio tampoco será axioma de su pensamiento. Para la mujer absoluta no existe el principio de identidad y por consecuencia el de contradicción ni el tercero excluido. Por lo mismo es exacto que la mujer carece de lógica. El hombre se siente avergonzado si no fundamenta sus pensamientos y se cree en el deber de hacerlo los haya o no manifestado, porque se siente obligado a seguir la norma de la lógica en cuanto él la ha establecido de una vez para todas. La mujer se irrita ante la exigencia de que su pensamiento deba depender sin excepción de la lógica; le falta la conciencia intelectual y podría decirse de ella que está afectada de "lógica insanity". Un ser que no comprenda o no reconozca que A es A y que A y no-A se excluyen entre sí, no encontrará dificultad alguna en mentir. Es más, para un ser de este tipo no existe el concepto de la mentira ya que su opuesto, la verdad, es ignorada por él. Si el ser tiene el don de la palabra mentirá sin saberlo, incluso sin la posibilidad de reconocer que miente en cuanto le falta el criterio de la verdad. Cuando tales ideas faltan no se puede hablar de error o mentira: no se trata de un ser antimoral sino de un ser amoral. La mujer es pues amoral. Ahora bien, el fenómeno lógico y ético, unidos en un único, último y supremo valor, en el concepto de la verdad, obligan a admitir la existencia de un yo inteligible o de un alma o de una esencia de la más suprema realidad hiperempírica. En un ser como la mujer que carece de fenómenos lógicos y éticos falta también la razón para atribuirle un alma. La mujer absoluta no tiene yo. Personalidad e individualidad, yo inteligible y alma, voluntad y carácter inteligible significan una y la misma cosa que pertenece al hombre y que le falta a la mujer. Pero como el alma humana es el microcosmos y los individuos superiores son aquellos que viven enteramente con alma, es decir, que en ellos vive el mundo entero, la mujer no puede ser nunca genio. En la mujer además no existe, en modo alguno, el problema de la soledad y de la sociabilidad. Precisamente por eso sirve especialmente para prestar una compañía (lectora, enfermera) porque jamás pasa de la soledad a la sociabilidad. Para el hombre la elección entre la soledad y la sociabilidad es siempre un problema aunque algunas veces sólo le sea posible una de ellas. La mujer no abandona su aislamiento para cuidar al enfermo como ocurriría si su acción pudiera ser considerada verdaderamente como moral; pero una mujer no está nunca sola, no conoce el amor a la soledad, ni siente temor ante ella. La mujer vive siempre, aun cuando esté sola, en un estado de amalgama con todas las personas que conoce y esto prueba que no es una

mónada pues todas las mónadas tienen límites. La mujer es ili-
mitada por naturaleza, pero no como el genio cuyos límites
coinciden con los del mundo, sino que jamás está separada de
la naturaleza o de los restantes individuos por algo real. Esta
amalgama es algo enteramente sexual y por ello la compasión
femenina se manifiesta siempre por un acercamiento corporal
al ser que la inspira; es una ternura animal que debe acariciar y
confortar. Todo esto depende de lo que para la mujer significa
la palabra yo. Cuando se pregunta a una mujer cómo comprende su yo, no lo puede representar de otra manera que por su
propio cuerpo. Su exterior, he aquí el yo de la mujer. El yo de
las mujeres explica también su vanidad específica. La vanidad
masculina es una emanación de la voluntad para el valor y su
forma de expresión objetiva es la necesidad de que nadie pon-
ga en duda que este valor puede ser alcanzado. Lo que al hombre concede valor y eternidad es única y solamente la personalidad. La dignidad del hombre es este supremo valor que no es
un premio porque según las palabras de Kant no se puede sustituir por otra cosa equivalente sino que está por encima de todos los premios y no permite equivalente alguno. A pesar de lo
que diga Schiller, las mujeres no tienen dignidad —para col-
mar este vacío fue inventado el título de dama— y su vanidad
se dirige hacia lo que ella supone de máximo valor, es decir, el
mantenimiento, aumento y reconocimiento de la belleza corporal. El hombre como microcosmos está compuesto de vida

superior y de vida inferior, de existencia metafísica y de la que carece de sustancia, de materia y de forma. La mujer no es nada, tan sólo es materia. Tan sólo cuando el hombre se hace sexual adquiere la mujer consistencia e importancia. Moriría en el momento en que el hombre pudiera vencer su sexualidad.

Vayamos ahora a Simmel,[4] uno de los defensores del sexo femenino.
Él dice:

Nuestra cultura en realidad es enteramente masculina. Son los hombres los que han creado el arte y la industria, la ciencia y el comercio, el Estado y la religión. Existe una oposición efectiva entre la esencia general de la mujer y la forma general de nuestra cultura. Por eso, dentro de esta cultura, la producción femenina tropieza con tanto mayor número de obstáculos cuanto que las exigencias que se le plantean son más generales y formales. Y esto precisamente sucede en el caso de las creaciones originales. Cuando se trata de recibir y combinar contenidos ya hechos es más fácil que se produzca una adaptación al carácter total de la esfera cultural. Pero cuando se trata de hacer surgir una creación espontánea del fondo personal, propio, entonces

[4] Georg Simmel, *Cultura femenina y otros ensayos,* traducción de Eugenio Ímaz, José R. Pérez Bances, Manuel García Morente y Fernando Vela, 3ª edición, Colección Austral, Espasa-Calpe Argentina, Buenos Aires, 1941.

ha de entrar en juego la facultad morfogenética y aplicarse a los elementos mismos. En el caso extremo esta actividad creadora se encuentra ante un material absolutamente desnudo de toda forma y el alma ha de franquear, paso a paso, sin respiro, la distancia que separa lo informe de la creación ya informada. Dentro de la cultura actual la actividad femenina es tanto más eficaz cuanto que el objeto de su trabajo está más impregnado del espíritu de esta cultura, es decir, del espíritu masculino. En cambio fracasa generalmente en la creación cuando sus energías originales que de antemano están dispuestas por modo diferente del masculino tienen que verterse en las formas que exige la cultura objetiva, la cultura masculina. Donde más admisible ha de parecer la actuación femenina en pro de la cultura es sin duda en la esfera del arte. Ya se advierten indicios de ella. Existe ya en la literatura una serie de mujeres que no tienen la ambición servil de escribir como un hombre, que no delatan por el uso de seudónimos masculinos, el desconocimiento total de las originalidades propias y específicas de su sexo. Sin duda es muy difícil aun en la cultura literaria dar expresión a los matices femeninos porque aquellas formas generales de la poesía son creaciones del varón y como, por ahora al menos, las formas poéticas específicamente femeninas, aunque posibles, quedan aún recluidas en las regiones de Utopía, subsiste una leve contradicción con el propósito de llenar las formas masculinas con el contenido femenino. En la lírica femenina, y justamente en sus logradas producciones, percibo muchas veces un cierto dualismo entre el contenido personal y la forma artística, como si el alma creadora y la expresión no tuviesen el mismo estilo. La vida íntima de la mujer tiende a objetivarse en figuras estéticas, pero por una parte no logra llenar los contornos de esas figuras, de manera que, para dar satisfacción a las exigencias formales, se ve precisada a echar mano de cierta trivialidad y convencionalismo, y por otra parte, siempre queda dentro de un resto de sentimiento vivo que permanece informe e inexpreso. La creación novelesca parece ofrecer a las mujeres menos dificultades que los demás géneros literarios, porque su problema y su estructura artística no están aún fijados en formas rígidas y rigurosas. Los contornos de la novela no son fijos. Sus hilos se entrecruzan sin reanudarse en una unidad cerrada: muchos van a perderse, por decirlo así, fuera de sus límites, en lo indeterminado. Su realismo inevitable no le permite substraerse al caos de la realidad y reorganizarse en estructuras rítmicas, regulares, como la lírica y el drama. En estos últimos géneros literarios, la rigidez de la forma es como una condición previa de masculinidad. En cambio la laxitud, la flexibilidad de la novela deja campo abierto a la labor propiamente femenina. Por eso el instinto ha empujado hacia la novela a las mujeres de temple literario, que han visto en este género su esfera propia y peculiar. La forma novelesca, por lo mismo que en sentido riguroso no es forma, resulta suficientemente maleable. Y así hay algunas novelas modernas que pueden contar entre las creaciones específicas del sexo femenino.

Si se considera que en cada una de las actuaciones de la mujer pone en juego su personalidad total y no se separa del yo y sus centros sentimentales pues es de naturaleza más cerrada y unitaria que el hombre y en ella la parte no se separa del todo para llevar una vida, por decirlo así, independiente, se llegará a la conclusión de que donde lo específico de la productividad femenina se manifiesta abierta y claramente es en el arte del teatro. Y no sólo porque la mujer tiene su papel asignado en el conjunto dramático sino por razones que arraigan en la esencia misma del arte teatral. No hay otro arte, en efecto, donde la labor a realizar se compenetre y una más estrechamente con la personalidad total del artista. La pintura, la poesía, la música, tienen sin duda su fundamento en la integridad espiritual y corpórea del hombre, pero canalizan las energías en direcciones uniformes que permanecen en parte ocultas, para desembocar al fin en el producto artístico. La danza misma es en cierta manera parcial, puesto que elimina las palabras habladas. La ejecución musical es igualmente un producto en donde la impresión visual de la persona pierde toda o gran parte de su importancia. Esto se expresa en el transcurso del tiempo por la separación y distinción entre el momento actual creador y la vida propia que el producto creado lleva posteriormente. En cambio en el teatro no hay intervalo posible entre el proceso y el resultado de la creación. Aquí el aspecto objetivo y el subjetivo coinciden absolutamente en el mismo instante vital. La actividad del comediante constituye pues la forma típica de esa integral inmersión de la personalidad toda en la obra o en el fenómeno artístico.

Ahora dirigiremos nuestra atención a las dos formas de productividad femenina que son o pasan por ser creadoras de cultura en gran escala, según la opinión de Simmel: la casa y la influencia de las mujeres sobre los hombres.

Por una parte es la casa un momento en la vida de sus partícipes los cuales trascienden de ella por sus intereses personales y religiosos, sociales y espirituales, chicos o grandes, y edifican su vida añadiendo al hogar otras preocupaciones extradomésticas. Pero, por otra parte, la casa representa un módulo especial, en donde todos los contenidos vitales reciben cierta forma típica. No existe, por lo menos en la cultura europea desarrollada, ningún interés, ninguna ganancia o pérdida, ya sea exterior o íntima, ninguna esfera de la actividad que no desemboque, con todas las demás juntas, en la peculiar síntesis de la casa, ninguna que no tenga en la casa su asiento de un modo o de otro. La casa es una parte de la vida, pero al mismo tiempo también, un modo especial de condensarse la vida, de reflejarse, de plasmarse la existencia. Ahora bien, la gran hazaña cultural de la mujer es haber creado esta forma universal. He aquí el producto objetivo cuya índole propia no es comparable con ninguna otra; he aquí un producto en el que ella ha impreso el sello femenino por las peculiares facultades e intereses de la mujer, por su típica sensibilidad de inteligencia, por el ritmo entero del ser femenino. Para la mujer, la casa es un valor y fin en sí que se parece a la obra de arte en que halla su importancia cultural subjetiva en su eficaz acción sobre los partícipes pero que además adquiere un sentido objetivo por su propia perfección y según leyes peculiares. Esta creación cultural de la casa pasa muchas veces desapercibida o confusamente vista, porque los detalles y particularidades de su figura concreta son fluidos, movedizos y están al servicio del momento y de las personas, lo que hace que permanezcan ocultos el sentido objetivo y la significación cultural de la forma en que la casa verifica la síntesis de estos productos fluidos y movedizos. Mas es lo cierto que, por encima de sus producciones momentáneas y de la forma impresa en ellas la casa posee valores perdurables, influencias, recuerdos, toda una organización que se halla vinculada al transcurso variable y personal de la vida, mucho más radicalmente que las demás creaciones cultas de origen masculino. Podríamos aquí —verificando una abstracción todavía mayor— establecer una correlación universal humana. La naturaleza del varón, dualista, inquieta, entregada a la indeterminación del futuro que así podemos señalar, allende las modalidades individuales, su oposición a la esencia femenina, necesita resolverse y salvarse en la actividad objetivada. Ahora bien, el modo como están combinadas con el tipo de mujer es justamente el contrario del que impera en el tipo hombre. Percibimos la mujer no tanto bajo la especie del cambio como bajo la especie de la permanencia, por indefinido, impreciso y lejano que sea este concepto. El sexo masculino que en su naturaleza profunda es incesantemente activo, expansivo, actuante, desgarrado por el juego de un interior dualismo, muéstrase sin embargo, en sus manifestaciones, objetivo, permanente, sustancialista. En cambio el sexo femenino, que por naturaleza se halla como concentrado en sí mismo, recluso en su propia intimidad, muéstrase en sus manifestaciones, vertido en la vida fluyente y orientado hacia los resultados que desembocan sin cesar en el *panta rei* de los intereses y exigencias momentáneas. Ahora bien, la casa posee una especial estructura que reduce a su sosegada intimidad —al menos en la idea— todas las líneas del universo cultural y canaliza en cierta unidad permanente y concreta todos los momentos varios de la vida activa y creadora. Por eso le cuadra bien aquella relación simbólica y real de la índole femenina. Por eso ha podido ser el hogar la gran hazaña cultural de la mujer.

Respecto de la influencia femenina sobre el hombre, su segunda gran hazaña cultural, Simmel afirma que

la vida y la espiritualidad de innumerables varones sería ciertamente muy distinta y mucho más pobre si no hubieran recibido el influjo de las mujeres. Pero hay que advertir que lo que de éstas reciben no es un contenido previamente existente en ellas. En cambio lo que los hombres dan a la vida espiritual de las mujeres suele ser efectivamente un contenido. Las mujeres dan, dicho sea con expresión paradójica, algo inmediato, una esencia que en ellas mora y permanece, esencia que al entrar en contacto con el varón hace germinar en éste algo que no tiene la menor semejanza fenomenológica con ella y que en el varón se torna cultura.

Realmente la defensa de Simmel no resulta demasiado eficaz. El concepto de la casa es bastante impreciso y la influencia de la mujer sobre el hombre muy difícil, muy mediata, muy remotamente perceptible. Aparte de ser escasamente original. Muchos autores han querido hacer de la mujer una especie de poder tras el trono o de diablo tras la cruz, y de la cultura una especie de enfermedad que, como la hemofilia, las mujeres no padecen pero transmiten.

Vayamos más adelante en otro de los ensayos de Simmel: "Lo masculino y lo femenino. (Para una psicología de los sexos.)"[5] Allí considera que

para estimar la productividad y la índole, la intensidad y las maneras de manifestarse del varón y de la mujer, recurrimos a determinadas normas de valores. Pero esas normas no son neutras, no se ciernen a igual distancia de los opuestos sexos sino que pertenecen íntegras a la masculinidad. Por otra parte lo típico de la mujer es que, para ella, el hecho de ser mujer es más esencial que para el hombre el hecho de ser hombre. Para el hombre la sexualidad consiste, por decirlo así, en hacer; para la mujer en ser. La mujer descansa en su feminidad como en una sustancia absoluta y —dicho sea con expresión algo paradójica— le es indiferente que haya o no haya hombres. En cambio el hombre ignora esa sexualidad centrípeta que se basta a sí misma. La virilidad en el sentido sexual está más generalmente adscripta a la relación con la mujer que la feminidad a la relación con el hombre. Mas nos cuesta trabajo, no ya sólo admitir, pero incluso comprender esto, porque viene a contradecir la ingenua opinión que precisamente hemos puesto en tela de juicio, la opinión de que la feminidad es sólo un fenómeno de relación con el hombre y de que, si esta relación desapareciese, no que-

---

[5] Ensayo contenido en el libro anteriormente citado.

daría nada. Y, en efecto, no quedaría un ser humano neutral; quedaría una mujer: la sexualidad de la mujer es algo sustantivo e independiente. En la vida de la mujer se identifican profundamente el ser y el sexo. La mujer se encierra en su sexualidad, absolutamente determinada; determinada en sí misma, sin necesidad de referir al otro sexo la esencialidad de su carácter propio. Para el hombre la cuestión sexual es un problema de relación que desaparece tan pronto como cesa su interés en la relación; la índole absoluta del varón no va adherida a su sexo. Para la mujer en cambio, trátase de una cuestión de esencia que secundariamente hace invertir su índole absoluta en la relación creada. La realidad absoluta que representan la sexualidad o el erotismo tomados como principio cósmico se convierte para el hombre en mera relación con la mujer. La relación entre los sexos se convierte en cambio para la mujer en lo absoluto, en la esencia misma de su ser. Ahora bien, esa relación, puesto que es el fenómeno en que se manifiesta el ser fundamental de la mujer, posee para ella una importancia incomparable. Y ésta es la causa que ha producido el juicio profundamente erróneo de que la esencia de la mujer no descansa en sí misma sino que se agota y confunde en esa relación. La mujer no necesita del hombre *in genere,* porque, por decirlo así, tiene en sí misma su vida sexual que es su esencia absoluta y cerrada. Pero en cambio cuando esa esencia ha de manifestarse en la realidad empírica, entonces y con tanta mayor energía necesita la mujer del hombre como individuo. El hombre se desenvuelve siempre en un mundo extensivo por cuanto consigue introducir en él su personalidad: se injerta por sus actos en órdenes históricos, en los cuales, pese a su poderío y soberanía, vale sólo como parte e instrumento. Muy otra en cambio es la mujer. La sustancia femenina se asienta en supuestos puramente intensivos. La mujer es quizá en su periferia más accesible que el hombre al desconcierto y a la destrucción. Pero por muy estrecha que sea en ella la unión entre lo central y lo periférico —y precisamente esa estrecha unión es el esquema fundamental de toda psicología femenina— la mujer descansa en su centro propio, no se expande fuera de sí, rehusando perderse en los órdenes exteriores. Podemos considerar la vida como una dirección subjetiva hacia lo íntimo o concebirla por su expresión en las cosas. En ambos casos el individuo masculino parece caminar por dos sendas en ninguna de las cuales le aguarda la mujer. En el primer caso el hombre va arrastrado por lo puramente sensible —a diferencia de la sexualidad femenina más profunda, que, por no ser *affaire d'epiderme* es también en general menos específicamente sensible—, tira de él la voluntad, el afán de dominar y absorber; pero también arrastra al hombre la aspiración a lo espiritual, a la forma absoluta, a la saciedad de lo trascendente. Pero la mujer permanece encerrada en sí misma, su mundo gravita hacia el centro que le es propio. La mujer está fuera de aquellas dos trayectorias excéntricas, la del deseo sensible y la de la for-

61

ma trascendente. Por eso dijérase con más justicia que ella es propiamente el ser humano puesto que mantiene su sustancia en los límites de la humanidad, mientras que el hombre es mitad bestia, mitad ángel. La mujer no se interesa sino por aquello a lo que se siente unida. La mujer entra en relación con las cosas por un contacto, por una identidad más inmediata, más instintiva, y en cierto modo, más ingenua. La forma de su existencia no desemboca en esa separación particular de sujeto y objeto que recobra su síntesis posteriormente en las formas particulares del conocimiento y la creación. La feminidad es, desde luego, su esencia, algo absoluto, algo que no se cierne como el absoluto masculino sobre la oposición de los sexos, sino que —por de pronto— más allá de esa oposición, la mujer vive y siente su vida como un valor que descansa en sí mismo. La tragedia de las mujeres es que tienen que vivir en un mundo y que en ese mundo haya otro con quien es inevitable entrar en relación aunque ésta tenga que quebrar la pura quietud del centro interior. El hombre puede, sin duda, vivir y morir por una idea; sin embargo esa idea va delante de él, esa idea es para él problema infinito y él permanece constantemente solitario en el sentido ideal. Para el hombre, la única forma de pensar y vivir una idea es referirse a ella, tenerla enfrente; por eso los hombres creen que las mujeres no son capaces de ideas. Mas para la mujer su esencia es inmediatamente una con la idea; la mujer, aunque en alguna ocasión el destino le imponga el aislamiento, no es nunca tan típicamente solitaria como el hombre. La mujer encuentra en sí misma su morada, mientras que el hombre siempre busca la suya fuera. En la mujer típicamente femenina sentimos que hay una preeminencia vital del proceso mismo, del vivir mismo, sobre sus contenidos particulares como ciencia, economía, etc., una por decirlo así, submersión en las profundidades de la vida como tal. Ésta es la causa de que las mujeres no tomen la idea, el contenido abstracto y normativo, separado idealmente de la vida misma —verdad, ley, moral, belleza artística— con el grado de independencia y plenitud con que es tomada por los hombres. El sentido, la fórmula de la existencia femenina, no consienten que la idea se separe, se aísle, para llevar una vida propia e independiente. La lógica representa en la esfera del conocimiento la más perfecta separación e independencia de lo normativo e ideal frente a la realidad viva, inmediata del espíritu. El principio femenino, concebido en su pureza, está situado en el punto en que la realidad psicológica de nuestras manifestaciones y la idea o imperativo conviven indistintos aún y no como simple mezcla sino como inquebrantable unidad, como forma que tiene su sentido propio y peculiar y que vive con igual derecho que cada una de esas otras series separadas en el espíritu masculino. Sin duda, por definición, estas formas masculinas contrapuestas excluyen toda posibilidad de unión inmediata. Pero esto es cierto solamente para un nivel o estadio en que se hayan establecido las dos series divergentes. La mujer, empero, vive precisamente en una capa interior más profunda, en la cual dicha divergencia no se verifica. Por eso para la mujer resultan muchas veces incomprensibles los esfuerzos del hombre por hacer coincidir en los múltiples aspectos de vida objetiva, la idea con la realidad. La mujer posee inmediatamente en sí misma lo que para el hombre es un resultado de la abstracción, esto es, recomposición de elementos anteriormente separados. Lo que entonces llamamos instinto femenino no es otra cosa, aparte los análisis psicológicos que en cada caso pueden verificarse, que esa unidad inmediata de la fluencia espiritual con las normas y criterios que, como por separado, confieren al proceso vital su exactitud y precisión. Existe quizá un instinto que nace de las experiencias acumuladas por la especie y transmitido por los agentes de la herencia física. Pero hay también otra clase de instinto, un instinto anterior a toda experiencia, un instinto en el cual los elementos psíquicos que separados y diferenciados concurren a formar la experiencia, se conservan inseparados e indiferenciados aún; y el sentido de verdad y acierto que en esta clase de instinto se manifiesta, proviene, sin duda, de la misteriosa concordancia que parece existir entre esa unidad profunda de la sustancia espiritual y la unidad del universo en general. En la primera forma del instinto, los elementos que integran la experiencia se han refundido de nuevo en unidad psíquica. En la segunda forma del instinto esos elementos permanecen aún inseparados. Pero en ambos casos falta la claridad consciente que por división y colisión sobreviene luego en esos elementos llamados por Kant sensibilidad e intelecto. Y es el caso admirable que, aunque son pocas las mujeres propiamente geniales, sin embargo se ha observado con frecuencia que el genio tiene algo de feminidad. Sin duda se refiere esta semejanza, no sólo a la creación de la obra, cuya inconsciente gestación, alimentada por la personalidad toda, guarda cierta analogía con el desarrollo del niño en el seno de la madre, sino también a la unidad apriorística de la vida y la idea, a esa unidad en que reside la esencia femenina y que el genio repite en su grado máximo y productivo. Sobre la oscuridad de esa conexión metafísica, primera forma del instinto que la actividad lógica consciente aspira a sustituir, a corregir, a asegurar, se adelanta el instinto femenino, la sapiencia inmediata de la mujer, y se comprende fácilmente que esta prelación sea tan frecuente como el acierto mismo y la exactitud. La esencia femenina descansa inmediatamente en lo fundamental, en el fundamento absoluto, de manera que en cada problema la mujer siente lo primario, lo indemostrable —que en cada caso puede ser o no plausible y racional— y no necesita, no puede necesitar el rodeo de la demostración. Sumergida en la realidad universal la mujer y su instinto hablan como desde una identidad fundamental con los objetos, no necesitan intermediario alguno. La índole propia de la mujer, independiente de toda relación con lo masculino, se manifiesta con máxima plenitud y significación en el terreno de la moral. En la ética el dualismo entre la realidad y la idea se abre ampliamente y el imperio de lo moral parece sustentarse todo sobre ese abismo, sobre esa dualidad. Dijérase por tanto que para afrontar los problemas morales, los serios y profundos problemas de contraposición entre lo real y lo ideal, la fórmula masculina es la única adecuada. Por eso, un pensador como Weininger que lleva el dualismo masculino a su último extremo y sin la menor vacilación proclama el ideal masculino como ideal general de toda la humanidad, finca precisamente en la ética y desde este punto de vista demuestra que la feminidad tiene un valor absolutamente negativo. Y procede en esto con perfecta lógica porque para él la mujer no es mala ni moral sino simplemente amoral, indiferente al problema ético. Pero hay que tener en cuenta que el dualismo entre el imperativo ético y los impulsos naturales no es la única base posible de una vida moral. Existen también esas almas que llamamos almas bellas. Para éstas, la acción moral no necesita producirse venciendo los obstáculos de las tendencias contrarias, sino que fluye espontánea de una propensión natural, ajena a todo conflicto con el deber. El alma bella vive una vida, por decirlo así, monorrítmica; desde luego lo que quiere coincide con lo que debe y lo que en este punto nos interesa es precisamente que en principio puedan existir tales almas, almas en donde la naturaleza personal y la idea extrapersonal formen una unidad metafísica que se revele en la armonía interior de las acciones voluntarias. Dos pueden ser las vías conducentes a ello. La masculina que consiste en reducir el dualismo a unidad y la femenina que es anterior a todo dualismo. La ética dualista considera a las mujeres como seres de menor valía porque actúan más ingenuamente y con la conciencia más limpia que el hombre. Esta apreciación se explica por el hecho de que en la mujer la realidad y el ideal permanecen inseparados, indistintos. Sin duda esta íntima solidaridad para cuanto se refiere a la conducta, ese ser de una pieza, no siempre da por resultado el cumplimiento de la idea moralmente válida, como tampoco la otra vía, la vía dualista del hombre lleva siempre a la realización de la idea. La índole opuesta de la mujer presenta sólo la forma del alma bella y no siempre realiza su contenido.

La unidad del ser con el sexo, característica del sexo femenino, da a la mujer una orientación fija que, saliendo de su intimidad, va hacia una cosa externa, determinada. Una hipótesis metafísica que, aunque indemostrable, serpentea por toda la historia del espíritu humano en forma de vislumbre, de sentimiento, de especulación, es que el hombre cuanto más hondo se sumerge en su propio ser, cuanto más puramente se abandona a su propia esencia, tanto más se acerca a la realidad, a la unidad cósmica y tanto más perfectamente revela y expresa el universo. De esta convicción se ha alimentado la mística de todas las edades. Pero no sólo la mística. En las imágenes cósmicas, mucho más claras y tan opuestas de Kant y Schleiermacher, de Goethe, de Schopenhauer, alienta también esa misma convicción, unas veces patente, otras veces oculta, en variadísimas conjugaciones. El sentimiento místico peculiar que ha caracterizado siempre cierta actitud típica ante las mujeres encuentra aquí quizá un fundamento comprensible. Obedece sin duda a la conciencia oscura de que las mujeres viven más plena, más íntegramente sumergidas en su propio ser que los hombres; de que las inquietudes del producir, del actuar, del enfrentarse con las cosas y con la vida hacen menos mella en el fondo sustancial del ser femenino; de que recluidas en las cámaras más internas de su ser, las mujeres permanecen más que los hombres inconmovibles y firmes —y de que, por lo tanto, la raíz de la feminidad es al propio tiempo el fundamento de la existencia cósmica, la unidad recóndita e incógnita de la vida y el universo—. Por virtud de su más genuina esencia, la mujer —cuando no la desvían violencias y necesidades históricas, influjos derivados de la relación con el hombre— vive en su propio fondo. Esto, empero, no significaría gran cosa si ese su fondo propio no fuera, al mismo tiempo y en cierto modo, el fondo de la realidad. La maternidad es la que establece este lazo de unión. Mas la maternidad desenvuelve en la forma del tiempo y de la vida material algo que es en sí una postrera unidad metafísica. Un ser tan profundamente sumergido en su esencia indiferenciada, un ser tan poco propicio a trascender de sí mismo como la mujer, ha producido siempre la impresión de hallarse en la proximidad inmediata de los hontanares metafísicos en una especie de identidad con el fondo universal de las cosas, que unos conciben como raíz primaria de la naturaleza, otros como realidad mística sobrenatural, otros como elementos metafísicos en sentido puro. Los hábitos intelectuales vigentes ya se refieran a la realidad asimbólica o en relación simbólica nos obligan a concebir la diversidad, el movimiento, la uniformidad, como resultantes de una unidad que, en el hombre, se resuelve en las típicas manifestaciones y formas dualistas diferenciales mientras que en la mujer se conserva como única sustancia sensible —como si en cada nueva maternidad repitiese la mujer el proceso que, de los oscuros senos indistintos de la existencia extrae las particularidades y movilidades para repartirlas en la forma individual—. Puede decirse por lo tanto que cuanto más hondamente femenina es una mujer en este sentido absoluto, menos femenina es en el sentido relativo, en el sentido diferencial orientada hacia el hombre. Y otro tanto le sucede al hombre, aunque la expresión resulte paradójica. En efecto, lo típicamente masculino consiste en edificar sobre la vida subjetiva y, por decirlo así, monorrítmica, un mundo de objetividades y de normas desde las cuales la existencia de los sexos aparece como contingente y accidental: por lo tanto un hombre será tanto menos varón —en el sentido de la relatividad sexual— cuanto más hombre sea en el sentido absoluto de la producción masculina.

Estos párrafos sintetizan brevemente la posición, la doctrina de los autores que hemos citado y que son, por denominarlos de algún modo, los profesionales del tema, los que lo han tratado de manera más seria y sistemática. Lo cual no significa que hayan sido los únicos. Muy al contrario. Casi no ha habido quien resistiera la tentación de referirse a las mujeres en sus obras. Bien han manejado el látigo que les recomendaba Nietzsche y cuando no las han mencionado su abstención puede interpretarse como un olvido, la forma más refinada del desprecio. Es reveladora en este aspecto la actitud de Virgilio[6] que no coloca a ninguna mujer en sus Campos Elíseos, o en otro, la de Mahoma que las expulsó de su paraíso. Aristóteles se admira de que los mitilenos tuvieran en sumo honor a Safo, "aunque era mujer". Eurípides, más cruel, se lamenta de que no haya otro medio, fuera del femenino, para perpetuar la especie. Y Shakespeare, varios siglos más tarde, recoge ese lamento y lo repite en el final del segundo acto de *Cymbelino*. Chamfort, en uno de sus pensamientos sueltos, dice que "parece que la natura-

---

[6] Tanto esta como todas las citas que siguen hasta llegar a la de Montaigne están tomadas del libro de Émile Deschanel, *Lo bueno y lo malo que se ha dicho de las mujeres,* traducción del doctor Luis Marco, editado por La España Moderna, Biblioteca de Jurisprudencia, Filosofía e Historia, Madrid, sin fecha de edición.

leza, al dar a los hombres una afición indestructible a las mujeres haya adivinado que, sin esa precaución, la repugnancia que inspiran los vicios de su sexo, principalmente la vanidad, sería un gran obstáculo para el sostenimiento y la propagación de la especie humana". Aparte de esta misión de incubadora, no le han reconocido otra. La marisabidilla no es más que un inagotable objeto de burlas. No sólo Molière. También Balzac, para quien es "una plaga. Reúne los defectos de la mujer apasionada y de la mujer amante sin tener sus excusas. Carece de conmiseración, de amor, de sexo". Madame de Giradin, acaso sintiéndose fuera de la regla general y no afectada por ella, establece que "cada uno de los libros de una mujer tiene impresa la huella del afecto que le inspiró. A propósito de las obras de mujeres es cuando sobre todo se puede exclamar con M. de Buffon: el estilo es el hombre". Esta frase guarda una estrecha relación con aquella otra de Enrique Heine para quien todas las mujeres escriben con un ojo en el papel y otro en el hombre, excepto las tuertas. Montaigne "cuando ve a las mujeres empeñadas en la retórica, la judiciaria, en la lógica y otras drogas semejantes, tan vanas e inútiles para lo que ellas necesitan, se siente acometido por el temor de que los hombres que las aconsejan eso lo harán por tener derecho a regentearlas bajo ese color, porque no puede encontrarles otra excusa".

Siguiendo la misma línea platónica[7] que consideraba las disposiciones femeninas en todo semejantes a las del varón si no es en la cantidad, donde las mujeres resultan visiblemente inferiores, encontramos en nuestra época a J. P. Moebius[8] quien con paciencia germánica acumuló datos para probar científica, irrefutablemente, que la mujer es

una débil mental fisiológica [...] No es tarea fácil explicar en qué consiste la deficiencia mental. Puede decirse que es lo que se encuentra entre la imbecilidad y el estado normal. Para designar este último no disponemos de una sola palabra apropiada. En la vida común están en uso dos términos contrapuestos: inteligente y estúpido. Es inteligente aquel que es capaz de dis-

[7] Platón se refiere a esta cuestión en el libro quinto de *La república,* diciendo textualmente: "Ahora que diga nuestro argumentante cuál es en la sociedad, el arte u oficio para el que las mujeres no hayan recibido de la naturaleza las mismas disposiciones que los hombres". Y más adelante: "La naturaleza de la mujer es tan propia para la guarda del Estado como la del hombre y no hay más diferencia que la del más o el menos". (*La república o el Estado,* 1ª edición, traducción de P. de Azcárate, Colección Austral, Espasa-Calpe Argentina, Buenos Aires, 1941.)

[8] J. P. Moebius, *La inferioridad mental de la mujer (La deficiencia mental fisiológica de la mujer),* traducción de Carmen de Burgos, Edición de F. Sempere y Compañía, Valencia, España, sin fecha de edición.

cernir bien; al estúpido, por el contrario, le falta la facultad de la crítica. Desde el punto de vista científico lo que suele llamarse estupidez puede ser considerado tanto como una anomalía morbosa, tanto como una enorme reducción o debilidad de discernimiento. Por otra parte, existe realmente una deficiencia fisiológica, toda vez que el niño es deficiente, comparándolo con el adulto, e igualmente cuando en la senectud no puede detenerse una enfermedad (a pesar del dicho: *senectus ipsa morbus)*, mientras que, cuando menos, a la vejez se añade, más pronto o más tarde, una disminución de las facultades mentales. [...] Desde el punto de vista total, haciendo abstracción de las características del sexo, la mujer está colocada entre el niño y el hombre y lo mismo sucede, por muchos conceptos, desde el punto de vista psíquico. Particularizando, es cierto que hay algunas diferencias; así, en el niño la cabeza es, en proporción, más grande que en el hombre; mientras que en la mujer la cabeza es más pequeña no sólo en la medida absoluta, sino también en la relativa. Un cráneo pequeño encierra evidentemente un cerebro pequeño; pero aquí puede hacerse la objeción (que ya fue lanzada contra Bischoff acerca del peso del cerebro) de que un cerebro pequeño puede ser de igual valor que uno grande, siempre que estén conservadas íntegramente todas las partes necesarias para la vida psíquica. Rudinger ha observado que en los recién nacidos el número de circunvoluciones que se hallan en torno de la cisura de Silvio es más sencillo y posee menos sinuosidades en las hembras que en los machos; además, que la isla del Reil, en el medio, es un poco mayor, en todos sus diámetros, en el cerebro de los varones, que está surcada más profundamente y es más convexa que en las hembras. Ha demostrado que en los adultos la tercera circunvolución frontal es más pequeña en la mujer que en el hombre, especialmente en aquellas secciones que suceden inmediatamente a la circunvolución central. El examen de la tabla demuestra que la diferencia es muy notable. En fin, Rudinger ha probado que en el cerebro femenino el derrame de toda la circunvolución media del lóbulo parietal y la del pasaje superior superointerno experimenta un retardo en su desenvolvimiento. En los hombres poco desarrollados en la parte mental (un negro, por ejemplo) encuentra los mismos datos anatómicos hallados en el lóbulo parietal de la mujer, mientras que en los hombres bien dotados físicamente el gran desarrollo del lóbulo temporal les da un aspecto completamente distinto. Rudinger encontró estos datos reducidos al máximo de la simplicidad en una mujer bávara y sobre este caso se ocupa de un tipo de cerebro semejante en todo al de las bestias.

En todos sentidos queda completamente demostrado que en la mujer están menos desarrolladas ciertas porciones del cerebro que son de grandísima importancia para la vida psíquica, tales como las circunvoluciones del lóbulo frontal y temporal, y que esta diferencia existe desde el nacimiento.

Si el hombre y la mujer poseen las mismas circunvoluciones cerebrales, las cuales difieren solamente en el grosor, es admisible que el uno y la otra se hallen dotados de las mismas facultades mentales, en cuyo caso la diferencia será cuantitativa y que no existan cualidades exclusivas para uno de los dos sexos.

San Pablo[9] no necesitó de tantos rodeos para declarar que la mujer es "naturalmente animal enfermo" ni Santo Tomás para conceder que es apenas un varón mutilado.[10] Pero después de todo, dice Luis Vives,[11] en la mujer nadie busca elocuencia ni bien hablar, grandes primores de ingenio ni administración de ciudades, memoria o liberalidad; la sola cosa que se requiere en ella es, entre los cristianos, la castidad. (Entre los gentiles se le pedía más bien que fuera fecunda o placentera.) Ridículo es adoptar cualquier otro punto de vista como lo hizo por ejemplo M. A. de Neuville[12] al

---

[9] San Pablo, "Epístola a Timoteo", capítulo II, versículos del 9 al 15 inclusive, citado por Luis Vives en su libro *Instrucción de la mujer cristiana*, Colección Austral, Espasa-Calpe Argentina, Buenos Aires, 1940.

[10] Citado por Enrique Finke en su libro *La mujer en la Edad Media*, traducción de Ramón Corande, editado por la Revista de Occidente en Madrid, 1926.

[11] Luis Vives, *La instrucción de la mujer cristiana*, ficha bibliográfica consignada en la nota 9.

[12] Citado por Henry Bolo en *El feminismo y la Iglesia*, sin consignación de traductor, editado por Montesio, Herrero y Compañía, México, 1904.

catalogar los inventos que nuestra civilización debe a la imaginación femenina:

Mlle. Auerbach fabrica un peine que hace llegar directamente el líquido al cuero cabelludo simplificando el trabajo del peluquero y de la doncella y permitiendo a los elegantes proveerse de peines de diferentes esencias. [...] Mlle. Koller, con una intención delicada para los fumadores y para las damas que los imitan, inventa una nueva envoltura para cigarrillos preparada con hojas de rosa comprimidas. [...] Mlle. Doré descubre un aparato escénico nuevo para la danza serpentina ejecutada por un animal: perro, mono, oso, etc. [...] Mlle. Aernount, compadecida de los infortunados ciclistas que atropellan liebres en las calles de puntiagudo y poco sedoso empedrado, inventa un sistema de velódromo casero. [...] Mlle. Gronwald, cuidadosa de los goces de sus contemporáneos después de las comidas, inventa un mondadientes aromático y antiséptico con capa superficial soluble. [...] Mme. Hakin presenta una forma de atado para zuecos de caucho que evita la confusión y el descalabamiento de los pares. [...] Mlle. Stroemer quiere poner de moda un florero en forma de mariposa. [...] Mlle. Doone construye una nueva máquina de escribir en el bolsillo que puede utilizarse estando en cualquiera posición o vehículo: coche, caballo, velocípedo, etcétera.

Basta. ¿Es que no ha habido una sola voz que disuene de este tono burlón o del otro insultante? Émile Deschanel, en un libro que tituló *Lo bueno y lo malo que se ha dicho de las mujeres* y en el que pretende ser galante, hace un extenso acopio de alabanzas (no tan extenso como el de los vituperios) al bello sexo. No las repetimos aquí porque son, cuando más, alegatos sentimentales en los que, con lágrimas en los ojos, se conmina a quienes infaman a las mujeres a recordar que ellos también han tenido una madre y que, extraña, inexplicable coincidencia, era una mujer. O bien es una sensual enumeración de zonas anatómicas: labios de coral, cuellos de cisne, ojos de zafiro, manos de marfil, etc. En ambos casos estos argumentos son inútiles para nuestra intención.

Si es indispensable adoptar como válida una fórmula que condense todos los conceptos anteriores oscilamos entre la de Nietzsche: "En la mujer todo es enigma y este enigma tiene un nombre: preñez";[13] y la del conde José de Maistre: "Las mujeres no han hecho la *Ilíada*, ni la *Eneida*, ni la *Jerusalem libertada*, ni *Fedra*, ni *Athalía*, ni *El misántropo*, ni *Tartufo*, ni la iglesia de San Pedro, ni el Apolo de Belvedere. No han inventado el

[13] Citado por Émile Deschanel en su libro *Lo bueno y lo malo que se ha dicho de las mujeres*, ficha bibliográfica consignada en la nota 6.

álgebra, ni los telescopios pero hacen algo más grande que eso: en su regazo se forma lo más excelente que hay en el mundo: un hombre honrado y una mujer honrada".[14] Y elegimos esta última porque si bien es menos directa es, en cambio, más explícita.

Mucho quisiéramos, como las inconfundibles feministas, protestar airadamente contra un destino tan monótono, tan arbitrariamente asignado y tan modesto. Pero la fidelidad a la convicción íntima nos lo impide. En efecto. Atentas observaciones de nuestras semejantes presentes y pasadas, de próximas o ajenas latitudes, despiadada introspección, nos convencen de que las teorías que hemos expuesto son verdaderas, que las aseveraciones, por ofensivas que parezcan, son justas. Y sin embargo... Aceptemos las experiencias de quienes nos antecedieron y sus conclusiones. Pero no confiemos ciegamente en ellas. Acaso no se ha llegado al punto que se debía porque no se escogió bien el camino; tal vez el deseo preconcebido —el prejuicio— era tan fuerte que aunque hayan tocado puntos distintos de los que se propusieron, persistieron en considerarlos como si fueran aquellos que habían planeado y en vez de regocijarse y enorgullecerse por el descubri-

[14] Citado por Émile Deschanel en su libro *Lo bueno y lo malo que se ha dicho de las mujeres,* ficha bibliográfica consignada en la nota 6.

miento de fértiles Américas continuaron creyendo haber alcanzado legendarias Indias. La crítica, no obstante, es impracticable si no se tiene una base sólida, un punto seguro desde el cual partir. Y para establecer este punto no queda más remedio que recurrir a la propia tentativa, a la propia labor, al propio hallazgo.

II. INTERMEDIO
A PROPÓSITO DEL MÉTODO

DESDE el clásico discurso cartesiano hasta nuestros días, parece ser indispensable, antes de emprender cualquier tarea, ponerse uno de acuerdo consigo mismo acerca de cómo va a llevarla a cabo, explicar de antemano y clara, irrevocablemente, por cuáles caminos se propone uno transitar para alcanzar la meta. Y esto es para mí ligeramente extraño. ¿Cómo voy a escoger primero el camino que la meta? ¿Cómo voy a condicionar ésta por aquél? Necesito, antes que nada, esclarecer ante mis propios ojos qué es lo que quiero saber y sólo entonces estaré en la posibilidad de determinar por cuáles medios ese saber se me hará accesible.

Desde luego (y por motivos que no vienen al caso confesar) lo que me interesa es el problema de la cultura femenina. Pero cuando digo cultura femenina estoy a medias usando vocablos conocidos por mí. Estoy con un pie en terreno más o menos firme pero con el otro en el vacío. Porque si alguien me lo preguntara yo podría decir algo acerca de lo femenino. Me han informado, aunque con cierta ferocidad y quién sabe si también con mala intención, acerca del tema, los autores cuyas opiniones están consignadas en las páginas anteriores. Sé, por ellos, que la esencia de la feminidad radica fundamentalmente en aspectos negativos: la debilidad del cuerpo, la torpeza de la mente, en suma, la incapacidad para el trabajo. Las mujeres son mujeres porque no pueden hacer ni esto ni aquello, ni lo de más allá. Y esto, aquello y lo de más allá está envuelto en un término nebuloso y vago: el término de cultura. Aquí, precisamente, es donde me doy cuenta de que mi pie gravita en el vacío.

Pero volviendo a la tierra firme. En primer lugar me está vedada una actitud: la de sentirme ofendida por los defectos que esos señores a quienes he leído y citado acumulan sobre el sexo al que pertenezco. Su sabiduría es indiscutible, sus razones tienen que ser muy buenas y las fuentes de donde proceden sus informaciones deber ser irreprochables. Y luego, por desgracia, no soy lo suficientemente miope como para no advertir que esos defectos existen. Los he advertido por experiencia propia. Si compito en fuerza corporal con un hombre normalmente dotado (siendo yo una mujer también normalmente dotada) es indudable que me vence. Si comparo mi inteligencia con la de un hombre normalmente dotado (siendo yo una mujer normalmente dotada) es seguro que me superará en agudeza, en agilidad, en volumen, en minuciosidad y sobre todo en el interés, en la pasión, consagrados a los objetos que servirían de material a la prueba. Si planeo un trabajo que para mí es el colmo de la ambición y lo someto al juicio de un hombre, éste lo calificará como una actividad sin importancia. Desde su punto de vista, yo (y conmigo todas las mujeres) soy inferior. Desde mi punto de vista, conformado tradicionalmente al través del suyo, también lo soy. Es un hecho incontrovertible, que está allí. Y puede ser que hasta esté bien. De cualquier manera no es ése el tema a discutir. El tema a discutir es que mi inferioridad me cierra una puerta y otra y otra por las que ellos holgadamente atraviesan para desembocar en un mundo luminoso, sereno, altísimo que yo ni siquiera sospecho y del cual lo único que sé es que es incomparablemente mejor que el que yo habito, tenebroso, con su atmósfera casi irrespirable por su densidad, con su suelo en el que se avanza retando, en contacto y al alcance de las más groseras y repugnantes realidades. El mundo que para mí está cerrado tiene un nombre: se llama cultura. Sus habitantes son todos ellos del sexo masculino. Ellos se llaman a sí mismos hombres y humanidad a su facultad de residir en el mundo de la cultura y de aclimatarse en él. Si le pregunto a uno de esos hombres qué es lo que hacen él y todos sus demás compañeros en ese mundo me contestará que muchas cosas: libros, cuadros, estatuas, sinfonías, aparatos, fórmulas, dioses. Si él consiente en explicármelo y mostrármelo puedo llegar hasta a tener una idea de lo que es cada una de esas cosas que ellos hacen aunque esta idea resulte levemente confusa porque, incluso para él, no es muy clara. Ahora, si le pido permiso para entrar, me lo negará. Ni yo ni ninguna mujer tenemos nada que hacer allí. Nos aburriríamos mortalmente. Y eso sin contar con que redoblaríamos la diversión de los otros a costa de nuestro ridículo. Yo, ante estos argumentos tan convincentes, me retiraría con docilidad y en silencio. Pero me quedaría pensando no en la injusticia ni en la arbitrariedad de esa exclusión aplicada a mí y a mis compañeras de sexo y de infortunio (en verdad no deseaba tanto entrar, era una simple curiosidad) sino en que entonces no entiendo de ninguna manera cómo es que existen libros firmados por mujeres, cuadros pintados por mujeres, estatuas...(bueno, de eso y de lo restante ya no estoy muy segura y no tengo tiempo bastante para documentarme). ¿Cómo lograron introducir su contrabando en fronteras tan celosamente vigiladas? Pero sobre todo ¿qué fue lo que las impulsó de modo tan irresistible a arriesgarse a ser contrabandistas? Porque lo cierto es que la mayor parte de las mujeres están muy tranquilas en sus casas y en sus límites sin organizar bandas para burlar la ley. Aceptan la ley, la acatan, la respetan. La consideran adecuada. ¿Por qué entonces ha de venir una mujer que se llama Safo, otra que se llama Santa Teresa, otra a la que nombran Virginia Woolf, alguien (de quien sé en forma positiva que no es un mito como podrían serlo las otras y lo sé porque la he visto, la he oído hablar, he tocado su mano) que se ha bautizado a sí misma y se hace reconocer como Gabriela Mistral a violar la ley? Estas mujeres y no las otras son el punto de discusión; ellas, no las demás, el problema. Porque yo no quiero, como las y los feministas, defenderlas a todas mencionando a unas pocas. No quiero defenderlas. (En todo caso mi defensa sería ineficaz. Porque el implacable Weininger probó en su *Sexo y carácter*[1] que las mujeres célebres son más célebres que mujeres. En efecto, estudiando su morfología, sus actitudes, sus preferencias, se descuben en ellas rasgos marcadamente viriloides. Y de esto infiere que

[1] Capítulo VI, "Las mujeres emancipadas".

era el hombre que había en ellas el que actuaba, el que se expresaba al través de sus obras. Pero esta prueba, tan alarmante a primera vista, no es original. Alude a ella, siglos atrás, Wolfang de Sajonia en su tratado *De hermaphroditis* y la recuerda Lord Chesterfield en uno de los trozos selectos de los que es autor y que, junto con otros escritos debidos a ajenas y también consagradas plumas, recomienda a su hijo Stanhope como modelos de "invención, claridad y elegancia".[2] Acaso esta prueba también es deleznable ya que lo mismo podrá aducirse respecto de muchos hombres célebres cuya virilidad es discutible. Y con idéntica falsedad declarar que era la mujer que había en ellos la que pugnaba por manifestarse.) Lo que yo quiero es intentar una justificación de estas pocas, excepcionales muje-

[2] "Confieso haber leído que algunas mujeres tales como Semíramis, Thalestris y otras, hicieron ruido en el mundo por haberse distinguido en acciones heroicas y varoniles: pero considerando la gran antigüedad de aquellas historias y lo muy mezcladas que se hallan de fábulas, se mira uno autorizado a dudar o de los hechos o del sexo. Además de esto, el ingeniosísimo y erudito Wolfang de Sajonia ha probado, hasta la demostración, en su tratado *De hermaphroditis*, que todas las famosas heroínas de la antigüedad fueron del género epiceno, aunque por respeto y consideración a la modesta y bella parte de mis lectores no me atrevo a citar los diferentes hechos y raciocinios en que apoya esta aserción." "Afectaciones de las mujeres, Trozos selectos de Lord Chesterfield", en el volumen *Cartas completas a su hijo Stanhope*, traducción de Luis Maneiro, Diana, México, 1949.

res, comprenderlas, averiguar por qué se separaron del resto del rebaño e invadieron un terreno prohibido y, más que ninguna otra cosa, qué las hizo dirigirse a la realización de esta hazaña, de dónde extrajeron la fuerza para modificar sus condiciones naturales y convertirse en seres aptos para labores que, por lo menos, no les son habituales.

Pues bien, ahora que ya sé cuál es la meta debo empezar a escoger el camino para alcanzarla. La lógica pone a mi disposición diversas vías a las que denomina métodos. Vías lógicas, como era de temerse. Pero yo no sólo no estoy acostumbrada a pensar conforme a ella y sus cánones (ni siquiera estoy acostumbrada a pensar), no sólo mi mente femenina se siente por completo fuera de su centro cuando trato de hacerla funcionar de acuerdo con ciertas normas inventadas, practicadas por hombres y dedicadas a mentes masculinas, sino que mi mente femenina está muy por debajo de esas normas y es demasiado débil y escasa para elevarse y cubrir su nivel. No habrá más remedio que tener en cuenta esta peculiaridad. ¿Pero hay un modo de pensar específico de nosotras? Si es así, ¿cuál es? Los más venerables autores afirman que es una intuición directa, oscura, inexplicable y, generalmente, acertada. Pues bien, me dejaré guiar por mi intuición. Como es natural, no pretenderé erigir esta experiencia mía, tal vez intransferible, en un modelo general al que es forzoso copiar. Si no puedo anticipar nada con respecto a la bondad de los resultados de mi investigación, muchísimo menos puedo comprometerme, no ya asegurando la bondad, pero ni siquiera los resultados, en una investigación diferente intentada por otra persona. Pues bien, mi intuición directa, oscura, y deseo fervientemente que por esta única vez, acertada, me dice, que si quiero justificar la actividad cultural de ciertas mujeres me es preciso, en primer término, haber llegado a la formación de un concepto de lo que es la cultura, llenando así ese vacío en el que mi pie ha continuado gravitando.

De la cultura sé, hasta este momento, que es un mundo distinto del mundo en el que yo vegeto. En el mío me encontré de repente y para ser digna de permanecer en él no se me exige ninguna cualidad especial y rara. Me basta con ser y con estar. A mi lado y en mí se suceden los acontecimientos sin que yo los provoque, sin que yo los oriente. Todo está dado ya de antemano y yo no tengo más que padecerlo. En tanto que en el mundo de la cultura todo tiene que hacerse, que crearse y mantenerse por el esfuerzo. El esfuerzo ya sé que lo hacen los hombres y que pueden hacerlo en virtud de aptitudes específicas que los convierten en un ser superior al mío. Estas aptitudes, él lo proclama, no son anárquicas y caprichosas sino que obedecen a reglas, se vierten en moldes determinados. Sin embargo, la conducta masculina (ellos la llaman humana) con todo y ser inmediatamente accesible a mi observación seguirá pareciéndome un despliegue de energía inútil, tonto y sin sentido, si ignoro cuáles son los fines que persiguen y, sobre todo, qué móviles la empujan a perseguir esos fines. Una vez resuelto este cuestionario (cuyas respuestas no las buscaré porque no las encontraría ni en mí ni en ninguna otra mujer sino en los hombres que hacen cultura y saben lo que hacen) me será ya más fácil contestar a la pregunta de por qué lo femenino no interviene en el proceso cultural, pregunta que podría responderse con dos hipótesis: la ya examinada de la incapacidad específica de la mujer (que deja sin aclarar por qué algunas mujeres excepcionales sí son capaces) y otra: la falta de atracción que la cultura ejerce sobre lo femenino. Falta de atracción vigente en circunstancias comunes y corrientes pero que, variando las circunstancias, puede desaparecer y convertirse entonces la cultura en una fuerza atractiva a la que la mujer resulta susceptible de responder, como lo probarían los ejemplos aislados que, hasta ahora, tanto nos preocupan.

III. CONCEPTO DE CULTURA

La crónica de las invenciones es la crónica de las combinaciones inesperadas y novedosas de objetos o pensamientos ya conocidos. Dicen que fue a Bacon[1] a quien se le ocurrió por primera vez asociar la palabra cultura, que desde tiempos antiguos era gemela inseparable de tierra (agri-cultura) con otras palabras. Y desde entonces se habló de cultura del espíritu, de cultura estética, de cultura de las costumbres. El uso, si bien no contribuyó a precisar el significado del término, por lo menos mostró sus promesas de amplitud y los alcances que podía tener. El vocablo tuvo éxito y se hizo acompañar de un séquito numeroso y variado de sustantivos. Pero ya en el siglo XVIII Herder[2] lo separa de éstos considerándolos como obstáculos que se oponían al ensanchamiento de la extensión de aquél. Cul-

[1] Citado por Pío Baroja en su ensayo "Divagaciones sobre la cultura", publicado por la revista *Universidad,* editada por el servicio editorial de la Universidad Nacional de México, bajo la dirección de Miguel N. Lira, el mes de agosto de 1936, volumen 2, número 7.

[2] Citado por Pío Baroja en el ensayo anteriormente dicho.

tura, desde entonces, ha sido una palabra más fácil y frecuentemente aplicable y por lo mismo más vaga. Se ha amontonado una abundante bibliografía alrededor de ella. Se le enfoca desde diversos ángulos, desde diferentes puntos de vista: el sociológico, el histórico, el filosófico. Y el concepto, en el centro de todas estas disquisiciones, de todos aquellos adornos y de la discusión y de la polémica, resulta cada vez más inaccesible y confuso.

A los que les gusta remontarse al origen de las cosas les gusta también averiguar la etimología de los nombres. Ellos han esclarecido que cultura se deriva de un verbo latino: *collere,* con el que se designaba el cuidado de los campos para obtener una mejor y más segura cosecha. Ya hemos visto cómo después, por metáfora, su acepción pasó a designar lo mismo en otros campos. Para Baltasar Gracián[3] es ya "ese aliño del alma". Y para Kant[4] la producción, por un ser razonable, de la aptitud general para realizar los fines que le placen. Pero lo que en Kant es un fin exclusivo, destinado a producir un alto grado moral, individual y colectivo que

[3] Citado por José Luis Curiel en su *Meditación sobre la esencia y la existencia de la cultura,* tesis para obtener la maestría en filosofía por la Universidad Nacional Autónoma de México, México, 1944.

[4] Citado por José Luis Curiel en la tesis anteriormente dicha.

lleve a la plena libertad del espíritu, para otros es la totalidad de los productos de la multiforme actividad del hombre. Los autores difieren respecto de las metas que la cultura persigue o de los medios de los que dispone. Pero se han puesto de acuerdo en algo fundamental y coinciden en eso con la etimología: cultura es lo que se opone o lo que se añade a la naturaleza, pero, en todo caso, lo que se separa de ella, superándola.

La naturaleza es el mundo de los fenómenos que nosotros percibimos con nuestros sentidos y que encontramos como algo objetivo, exterior a nuestra conciencia, independiente de nuestros procesos mentales. Es lo dado, lo que está allí sin que nosotros hayamos tenido la necesidad de efectuar el menor esfuerzo para colocarlo. Y ese mundo de lo dado, de lo nacido por sí, oriundo de sí y entregado a su propio crecimiento que dijera Kant[5] está determinado por leyes universales. De estas leyes la más universal es la de la causalidad, según la cual todo hecho es producido regularmente por otro que le precede: el hecho producido es llamado efecto y el que lo produce, causa. La determinación del efecto por la causa es uniforme, invariable, siempre repetida.

[5] Citado por Rickert en *Ciencia natural y ciencia cultural,* traducción de Manuel García Morente, editado por Espasa-Calpe Argentina, Colección Austral, Buenos Aires, 1943.

Pues bien, sobre este orden se instala el de la cultura, pero ésta es sólo a medias destino. La otra mitad es un resultado de la voluntad, la actividad, el esfuerzo del hombre. La otra mitad es libertad.

La actividad humana no se desarrolla de ningún modo fuera de los ámbitos causales pero opera dentro de ellos obedeciendo de manera más inmediata a otra legislación: la de la finalidad o teleológica.

Entre la causalidad y el finalismo existen diferencias y relaciones de subordinación y superioridad.[6] Desde luego el nexo teleológico es más complejo, más rico en elementos, que el causal. En tanto que este último supone como necesarios únicamente dos términos (causa-efecto) el primero asume sucesivamente tres aspectos que son, a saber: el de la postulación del fin, el de la determinación retroactiva de los medios por los fines y el de la realización de los fines.

En el primer aspecto, la postulación del fin, el sujeto se propone alcanzar una meta. Esta meta no existe aún más que como proyecto en la mente del individuo y para conferirle otro tipo de existencia más real es pre-

[6] Todo lo que se refiere a las relaciones entre causalidad y teleología está tomado de la *Ética* de Eduardo García Maynes, editada por la Universidad Nacional Autónoma de México, Centro de Estudios Filosóficos, México, 1944.

ciso, es indispensable realizarla haciéndola, llevándola a cabo. Para ello el individuo cuenta con diversos medios más o menos adecuados. Entre éstos debe elegir los que mejor sirvan a su propósito. Ésta es la segunda etapa, la que Nikolai Hartmann llamó "determinación retroactiva de los medios por las finalidades". En el acontecer real los medios son cronológicamente anteriores a los fines y éstos aparecen como una consecuencia directa de aquéllos, es decir, como un efecto de una causa. Pero en el proceso teleológico el orden se invierte: los fines son los que determinan a los medios y no éstos a aquéllos, ya que los medios no se escogen arbitrariamente sino que se prefieren en vista del fin y de la idoneidad que los medios presenten para realizarlo. Una vez seleccionados los medios y puestos en práctica con los resultados apetecidos se llega al tercero y último momento, que es en el que el fin aparece realizado, momento que se encuentra ya totalmente inserto dentro del mundo de la causalidad. Aquí los medios actúan como causa que provoca el fin deseado. Así pues, la teleología exige de modo necesario la vigencia de la causalidad. En un universo donde las leyes causales fueran menos rígidas la actividad humana sería más difícil y sus éxitos infinitamente más problemáticos.

En el tercer momento, los medios, que han estado

actuando como causas deben, de acuerdo con la determinación causal, conducir al resultado apetecido. De aquí se desprende, dice Hartmann, que el nexo final y con él la voluntad, la actividad y el poder creador de un ser teleológico se desenvolverán tanto más vigorosamente cuanto más fuerte y absoluta sea la determinación causal de los procesos reales. Un nexo teleológico que flotase en el aire, sin arraigo en un proceso causal, sería una pura abstracción, una "imposibilidad categorial". El nexo finalista sólo se hace posible y actual en un mundo causalmente determinado.

La teleología es capaz de aprovechar la causalidad, de imponerle una dirección. Pero la teleología es incapaz de desenvolverse si no es con el auxilio de la causalidad. Se muestra aquí patente la vigencia de una de la leyes categoriales de dependencia: la "ley de las fuerzas", que reza: "El tipo más alto de determinación es dependiente del más bajo y no a la inversa. El superior es siempre el más determinado, y en tal sentido, el más débil. El inferior es más elemental y por ende más poderoso". (Indudablemente la causalidad es más baja que el nexo finalista y esto se constata comparando su sencillez con la complejidad teleológica.) Pero las relaciones entre causalidad y teleología no se agotan en esta ley sino que se rigen también por la "ley de la ma-

teria", que se enuncia así: "Todo tipo inferior de determinación es, relativamente al que se eleva sobre él,
simple materia. Y como el inferior es más fuerte, la dependencia del más débil sólo llega hasta el punto en
que su radio de acción se encuentra recortado por las
peculiaridades del primero". De donde fácilmente se
deduce la "ley de la libertad": "Todo tipo superior de
determinación representa, frente a los inferiores, una
novum categorial. Como tal, posee un radio libre de acción sobre aquéllos".

Pero ¿qué hay en los fines que éstos imponen su
fuerza de atracción sobre el sujeto y hacen que éste
oriente su conducta en la dirección de aquéllos? ¿Dónde radica esa atracción? ¿Cuál es el imán que irradian
para que el sujeto se comporte en relación con ellos como el "obediente acero"? ¿Qué los hace apetecibles?
Una cualidad a la que llamaremos, sin entrar todavía
en detalles respecto de sus características, valor. De este modo, la cultura es susceptible de definirse como la
creación de la actividad humana cuando ésta se dirige
conscientemente hacia los valores.

"Lo producido directamente por un hombre que
actúa según fines valorados"[7] es un bien, es decir, un

---

[7] Definición dada por Rickert en *Ciencia natural y ciencia cultural,* ficha
bibliográfica consignada en la nota 5.

objeto donde los valores residen o que, de una manera más o menos perceptible, participa de ellos. Los bienes, puntos intermedios entre el proyecto subjetivo y el fin valioso, forman parte de la realidad y por lo tanto sufren la suerte de los demás objetos reales: están ubicados en un espacio determinado y devienen en el tiempo: nacen, cambian, decaen y mueren para renacer en lugares y épocas diferentes. A estas peripecias de los bienes y las de sus creadores y mantenedores es a lo que se llama, de manera general, historia.

Es un lugar común decir que la historia se repite; y es otro, no menos común, afirmar que es imprevisible. Ambas frases hechas, por serlo, no son absolutamente erróneas. Es cierto que los fines que el sujeto humano se propone alcanzar con su actividad son diversos. Diversos también los medios de que dispone y, necesariamente, varios los productos que logra. La conjunción de actividad y valor se efectúa siempre en circunstancias cambiantes y sus frutos son cada vez inéditos, sorprendentes. El hombre agrupa los valores integrando constelaciones novedosas, da preferencia a algunos, pospone a otros, inventa nuevos medios, los descubre o perfecciona métodos antiguos. De ahí que el curso histórico no se prediga, ni muy remotamente, con la exactitud con que se predice un eclipse. De ahí que los profetas se pongan, con tan alarmante frecuencia, en ridículo. Pero de que la historia sea imprevisible no se sigue que la cultura sea incodificable. Aun el fuego, según las palabras de Heráclito, se enciende según medidas y se apaga según medidas. La libertad no es tan sin freno como para que entre los productos culturales no se adviertan ni semejanzas, ni eslabonamiento, ni coherencia. Tanto es así que los bienes pueden ser bautizados con un nombre genérico y llamar a un conjunto de objetos creados en países y periodos muy alejados entre sí pero tendientes a la realización del mismo valor y para la que se emplearon medios similares e igual intención, arte o religión o ciencia. Porque los fines son diversos pero no innumerables, los medios abundan pero a la postre se agotan; los bienes tienen moldes, se ciñen a normas relativamente invariables. En suma, la cultura tiene "formas".

Estas formas, para Eduard Spranger,[8] se reducen en última instancia a seis: la teorética, la económica, la estética, la social, la política y la religiosa, según se dirijan al valor del conocimiento, al de la utilidad, al de la belleza, al del amor y al del poder y la divinidad y naz-

[8] Eduard Spranger, *Formas de vida. Psicología y ética de la personalidad*, traducción de Ramón de la Serna, Revista de Occidente Argentina, Buenos Aires, 1946.

can, respectivamente, de actos cognoscitivos que tienden a descubrir la esencia general de los objetos, lo que entre la abigarrada variedad permanece idéntico, lo que se reitera en fenómenos distantes, lo que, captado por medio de la reflexión se eleva a principio ideal de aplicación universal.

El acto estético se complace menos en la idea abstracta que en la imagen concreta de las cosas. Crea individuos y no le interesa tanto abolir las diferencias que se advierten entre ellos cuanto hacerlas resaltar. Muestra los objetos en su peculiaridad, en su soledad, en su inconfundibilidad como únicos y despojados de sus relaciones con los demás. Pero extraer un objeto de la espesa malla de relaciones que lo ata con los demás no significa una mutilación arbitraria sino una selección consciente. Se escoge, entre todos, el elemento más representativo. Y éste, sin embargo, está todavía conectado con la totalidad, pero su conexión no se manifiesta nunca explícitamente por medio de signos como en el acto cognoscitivo que dice: aquí está, y la señala. Se sugiere nada más. El todo está presente en la parte, ésta es un símbolo de aquél, es una expresión tangible y visible de lo que por naturaleza es intangible e invisible. Las esencias se entregan en los símbolos como impresiones, ya confusas y vagas, ya inminentemente claras, pero de todas maneras, misteriosas. El acto estético no es un enemigo de las esencias sino un amigo de las apariencias. No destierra a las primeras de su mundo pero evita que entren en él descarnadas, desnudas y sin aliño como las ideas. Antes de admitirlas les confiere una forma sensible, les presta un volumen.

En los actos cognoscitivos y en los estéticos la realidad se contempla teórica o intuitivamente. La contemplación establece entre el sujeto y el objeto una distancia que hace posible la perspectiva. Pero esta distancia tiende a ser disminuida en los actos económicos donde el sujeto se acerca al objeto, se apodera de él tratando de asimilarlo, de absorberlo, de digerirlo, en la acepción literal de estos términos. Si el conocimiento es una forma de la posesión, es una forma radicalmente distinta de la posesión que se logra económicamente. El que conoce puede hacer las cosas a su imagen y semejanza o convertirse, en cierto modo, en todas las cosas. El cognoscente puede modificarse al dejar entrar un objeto en su pensamiento o puede modificar el concepto que tenga del objeto después de dejarlo entrar. Pero mientras la voluntad activa del sujeto no intervenga, el objeto permanece intacto. Cuando esa voluntad interviene se da el acto económico, que modifica, en la realidad, los objetos sobre los que opera, los conforma a la estructura del individuo; el sujeto subordina las cosas a su propio servicio. En el acto económico hay dos notas fundamentales: hace referencia a lo estrictamente somático (lo económico hunde sus más profundas e imprescindibles raíces en lo biológico), y procede de acuerdo con el principio de mínimo esfuerzo y máximo provecho. Es un acto volitivo más que intelectual, un acto centrípeto en el cual el centro está constituido por el yo físico que trata de arrastrarlo todo a su órbita, de enriquecerla incorporando lo extraño, transformándolo en similar a sí mismo. Esta actitud de dominio de la realidad ambiente cuando sobrepasa los lindes de los objetos inanimados para seguir desarrollándose en el ámbito de las personas, en el ámbito del yo ajeno, da nacimiento a los actos políticos. Pero el círculo egoísta puede romperse por el amor y entrar en contacto con las personalidades ajenas no ya como una afirmación del propio poder sino como el reconocimiento de un valor idéntico al que uno mismo encarna o quizá superior, lo que es capaz de conducir, en casos extremos, al sacrificio de la propia personalidad en aras de la personalidad ajena. Esto sucede en el terreno de los actos sociales. El yo ajeno se instala aquí en el ápice de la escala valorativa mientras que los actos religiosos derriban este o cualquier otro ídolo para colocar en su sitio a Dios, valor supremo, último y absoluto sentido de la existencia individual y de la existencia del universo entero.

Los actos cognoscitivos, estéticos, económicos, políticos, sociales y religiosos, tales como los hemos descrito en las líneas anteriores, es decir, aislados, puros, no pasan de ser una mera abstracción. En la realidad, en la experiencia aparecen siempre entremezclados. El que se les denomine con uno u otro adjetivo no significa que sean simples, sino que entre los múltiples elementos que los componen hay uno que predomina sobre los demás, que determina a los otros, y se alude a él sin hacer hincapié en el resto únicamente con el fin de facilitar la comprensión. El acto cognoscitivo desinteresado, el que no persigue más fin que el descubrimiento de las esencias generales de las cosas es muy raro e incluso hay autores que llegan hasta el extremo de poner en duda su existencia y se empeñan en ver en todo acto de conocimiento una ineludible derivación utilitaria. La lógica, para quienes sostienen tales afirmaciones, nació de una necesidad económica. Los que no acertaban a descubrir semejanzas en lo relativo a los alimentos o a los animales enemigos del hombre; los que establecían con demasiada lentitud las categorías o eran demasiado circunspectos en la clasificación de las ideas, veían disminuidas sus probabilidades de duración mucho más que aquel otro que, en presencia de cosas parecidas, deducía inmediatamente su igualdad. La inteligencia resulta entonces un mero instrumento de defensa, un instrumento que es capaz de crear otros y de servirse de ellos. El funcionamiento de este instrumento está sometido a la ley del menor esfuerzo. Y las leyes que el acto cognoscitivo descubre son, para los pragmatistas, no una verdad sino una simplificación práctica, un esquematismo que no se justifica sino con vistas al beneficio que presta, a lo útil que es. Estas convicciones tienen adeptos tanto entre los hombres de ciencia como entre los filósofos y encierran una parte de verdad, pero no toda la verdad. Es innegable que al lado de conocimientos que desembocan en una aplicación económica (que son a los que los pragmatistas se refieren) hay otros que no rebasan su propia esfera, y esto no por incapacidad de hacerlo, sino porque su intención es, desde el primer momento en que se engendran, permanecer en ella.

El acto estético puede tratar, y de hecho trata muchas veces, de expresar una teoría científica, filosófica, social, política, etc. Se crea entonces una obra de tesis, de propaganda. En la actualidad tropezamos con ellas a cada paso, pero esto no indica que el fenómeno sea nuevo, privativo de nuestra época; esto sólo nos hace más cercana y directa su observación. Es ejemplar, en este aspecto, la obra de Chesterton, de tendencia católica, o la poesía de Pablo Neruda, de un comunismo militante. Las novelas de Aldous Huxley que preparan y maduran una concepción sociológica; las de Jean-Paul Sartre que pregonan su posición filosófica. El teatro se ha empleado, desde los griegos, como un foro desde el cual hacer resonar las ideas políticas. (Esto lo viene practicando, de manera insuperable y constante durante casi un siglo Bernard Shaw.) Lo mismo en la pintura. Desde los muros de los edificios a los que tiene fácil acceso el público los pintores impresionan a las masas como lo hicieron sus antecesores de la Edad Media con imágenes más inmediatamente accesibles que las letras y las palabras, más fáciles para entregar su mensaje ideológico. Hoy como ayer se debate el problema del acto estético puro y del impuro. Los partidarios del primero consideran toda intromisión peligrosa y nociva; toda obra que tolera esta clase de intromisiones, inferior. Los otros defienden la postura contraria. El arte está en la obligación de comprometerse, reflejando las inquietudes de la época, proponiendo soluciones a sus problemas. Lo único que puede decirse de seguro es que toda tesis que intente difundirse al través de una obra de arte no lo logrará si la calidad artística de esa obra no es superior a cualquier sectarismo. En cuanto a las relaciones del acto estético y el religioso, son más íntimas y más evidentes. Toda gran obra estética, entendida como una inmersión en las capas más profundas, más sustanciales de la realidad, alcanza, irremediablemente, a Dios.

El acto económico es vecino del político o susceptible de evolucionar al social. Éste se tiñe de religiosidad o estetismo. En suma, las combinaciones en las que entran los actos que antes hemos aislado rebasan los estrechos límites de esta enumeración.

Los actos culturales, al ser realizados por sujetos particulares, determinan sobre sus realizadores un tipo especial de conducta, tipo que da origen a diversas personalidades a las que el mismo Spranger denomina como hombre teórico, hombre estético, hombre económico, hombre político, hombre social y hombre religioso, según que su actividad esté orientada hacia el valor del conocimiento, el de la belleza, el de la utilidad, el del poder, el del amor o el de la divinidad. Cada uno de estos sujetos trabaja según sus posibilidades, según su vocación, en suma, de acuerdo con "la gracia que se le ha dado".[9] Porque cuando el hombre quiere

[9] San Pablo, "Epístola a los romanos", capítulo XII, versículo 6, versión castellana de Félix Torres Amat, edición de la *Revista Católica*, El Paso, Texas, 1944.

actuar se encuentra de pronto con que sus capacidades de acción tienen un límite en ocasiones muy próximo. Esto lo induce a escoger entre las formas disponibles aquella para la que advierte en sí mismo una inclinación más decidida, lo que augura para su acción una mayor fecundidad. El ser humano es susceptible de entrar en contacto con todos los valores y potencialmente es apto para realizarlos todos. Pero en la práctica sucede que esta realización no es nunca plena y que se refiere, por lo general, a un solo valor. Hay, entre todos los valores, uno que solicita al sujeto con mayor urgencia y será ése el que dé el tono de especialización a su conducta, sin que por eso pierda completamente de vista a los demás. La realidad, mucho más rica y complicada que las abstracciones, produce tipos de acción en que se mezclan varios fines diferentes. (Los caracteres de una pieza, de un solo perfil, de un único aspecto sin matices son ficciones y pertenecen al reino de las ficciones. Los encontramos únicamente en las comedias baratas, en las novelas rosas o en las películas clase B. Allí y nada más allí está el típico profesor distraído que introduce el cigarro en la cerradura y se fuma la llave; el artista bohemio, melenudo, que muere de tuberculosis o inanición en una mísera buhardilla, la cigarra lírica que no atiende jamás los consejos de la hormiga prudente. Y la hormiga es un burgués que despliega con insolencia su riqueza ante los ojos famélicos de los obreros a quienes explota, intenta comprar la felicidad que es siempre privilegio de hombres sencillos, sin ambiciones y que no usan camisa, y se burla de lo que no comprende, que es todo. El político sin escrúpulos, variación del tema anterior, carente de ideales, fuerza bruta que no se detiene ni ante el crimen con tal de llegar al robo. Al tipo social no lo conciben estos ingenuos y deliciosos autores, sino en la forma de una señora gorda, repentinamente encumbrada, que vendería su alma al diablo con tal de poseer un título nobiliario. Estos mismos que retratan la sociabilidad de manera tan rudimentaria reducen también la religiosidad a patrimonio exclusivo de los santos y despojan a éstos del mérito de su vida difícil y heroica transformándolos en una especie de superratones ante quienes las leyes naturales son de una fragilidad tan grande que se rompen a la menor provocación permitiendo el milagro. Estos santos están adornados por una cantidad tal de virtudes y perfecciones que no hay por donde tomarlos ni comprenderlos, ni seguirlos.) Sin embargo, la abstracción se efectúa con el mismo fin de facilidad comprensiva o descriptiva al que hicimos alusión cuando tratamos de los actos culturales. Pero no debe perderse de vista su artificialidad al hablar del teorético en quien predomina un afán inmoderado de conocimiento. Este hombre capta aun el acontecimiento más insignificante en su relación con acontecimientos de mayor trascendencia y los engloba a todos bajo un rubro general que al mismo tiempo los explica. El ejercicio de su inteligencia no lo libera de las necesidades biológicas que tendrá que satisfacer ciñéndose a los principios y exigencias económicos, aunque éstos ocupen un lugar secundario, ni le cierra las puertas del arte. Es cierto que encontrará en el arte menos placer que en sus especulaciones abstractas porque el arte no le demuestra nada, y que el artista le parecerá peligroso como capaz de alterar con sus fantasías el confortable mundo de seguridades dentro del cual se mueve, y que no vacilará en expulsarlo de una república perfecta. Pero del hecho de que la sensibilidad estética y la inteligencia científica no vayan casi nunca acompañadas no se deduce que la una excluya necesariamente a la otra. El hombre teorético desdeñará tal vez el poder y, ocupado en sus problemas propios, dejando vagar sus miradas en anchos horizontes, no fijará su atención en los nimios detalles cotidianos y muchas veces responderá incorrectamente a ellos o se irritará porque turban sus meditaciones. Desde luego no vivirá aislado, pero en la selección de sus amistades predominará la condición de la comunión de ideas y aun el prójimo más próximo le parecerá lejano, referido siempre a un orden más extenso y amplio de fenómenos. Y creerá en Dios, si cree, como en un intelecto supremo, una sabiduría sin sombra de ignorancia.

En el hombre estético la actividad principal no la ejecuta su inteligencia sino su imaginación. Será en ocasiones inepto para explicar con términos precisos el por qué de sus imágenes, pero esto no significa que sean anárquicas y que el artista se rija sólo por el capricho. El artista tiene también su lógica interna, tan rigurosa como cualquiera otra, que le obliga a ser congruente consigo mismo. Es asombroso el carácter de necesidad con que las imágenes se le presentan y lo solicitan. Están allí, pidiendo ser admitidas, indiscutibles, verdaderas. A veces, esta sensación de veracidad, de indiscutibilidad llega a ser tan intensa que el mismo artista duda que sea la primera vez que las imágenes se le aparecen y no las interpreta como una revelación sino como un recuerdo, algo que ha visto en otra parte, que ha oído ya anteriormente, que ha encontrado expresado ya por otro artista. Esta lógica estética es muy otra que la científica. Es la lógica de lo particular no de lo general. Ante esta última el artista bosteza, se aparta con hastío de lo que para él es excesivamente árido, se aleja con una impresión de disgusto ante su propia impotencia para soportarla. Su razón se mueve con torpeza en el discurso abstracto. Se impacienta ante todos los rodeos científicos para llegar a la esencia, a la sustancia de las cosas. Quisiera encontrar un modo inmediato de apoderarse de ellas. Pocos son los artistas que se han acercado a la ciencia, y los que lo han hecho, abandonando momentáneamente su mundo de imágenes, no han sido empujados más que por la falta de aptitud para reducir por sí mismos los fenómenos a puras esencias, de cambiar la existencia por la esencia.[10]

Pero el arte, además de ser independiente del principio de razón, es también independiente del principio

---

[10] "Mi inspiración de plenitud, es decir, de cultura, se abrió después en la dirección de la teoría filosófica; pero tanta razón dialéctica me resultaba, con demasiada frecuencia, obvia. [...] Qué mal se movía mi razón en el discurso abstracto. ¡Qué ganas de tocar la esencia o la sustancia, la fuente viva, sin intermediarios argumentales, sin ergos! En el teorizar filosófico ¡ah, Kant germánico; Hegel, viejo panteísta de Stuttgart!, todo se me hacía de esta obvia reversibilidad: pienso luego existo: existo luego pienso: pienso para existir: existo para pensar: pienso, luego he pensado: he pensado, luego pensaré: pensaré, luego acabaré de pensar: acabaré de pensar, luego acabaré de existir. ¡Tanto ergotizar! [...] La frecuentación de la filosofía sistemática me apartó por algunos instantes del mundo de lo objetivo, dramático y sustancial, no por otra cosa, sino por la falta de aptitud de mi espíritu para reducirlo a puras esencias, de cambiar la existencia por la

de utilidad. Y si la primera independencia separa al artista del teórico, la segunda lo separa del hombre económico. El artista contempla las cosas con gozo, con simpatía, con emoción ante su belleza, pero no trata (por lo menos originariamente) de sacar provecho de esa contemplación. El artista es un desinteresado desde el punto de vista económico pero su desinterés tiene que ser parcial. El artista es un ser vivo y como tal está sujeto a las férreas cadenas de lo biológico. Si el desinterés, dice Bergson,[11] llegara a ser absoluto, si el alma no se adhiriese a la acción por ninguna de sus percepciones, sería un alma de artista como no la ha habido en el mundo. Este artista descollaría en todas las artes a la vez o más bien las fundiría a todas en una sola. Percibiría las cosas en su pureza original: tanto las formas, los colores y los sonidos del mundo material como los más sutiles movimientos del mundo interior. Sin embargo, esta posibilidad no pasa de ser una utopía; el artista sigue adhiriéndose a la acción y rechazándola con asco, alternativamente. Y la rechaza porque la realidad lo decepciona, porque no sabe des-

esencia." Eduardo Mallea, *Historia de una pasión argentina*, Colección Austral, Espasa-Calpe Argentina, Buenos Aires, 1940.

[11] Citado por Antonio Caso en *La existencia como economía, desinterés y caridad*, Secretaría de Educación Pública, México, 1943.

envolverse dentro de ella, porque es un inadaptado, un inhábil. Pero a pesar de que la realidad lo desconcierta y le molesta y que no sabe qué hacer en ella y se comporta tontamente lo sigue tentando durante toda la vida.[12] No logrará nunca ser un hombre social porque ve en los demás no lo que son sino el modelo para el cuadro o la estatua, la boca que pronuncia frases inconscientemente hermosas que él apuntará para aprovechar después. (Como el Shakespeare que nos presenta Shaw en *La dama morena de los sonetos*,[13] observando a sus interlocutores y escribiendo sus observaciones para plasmarlas después en sus libros.) El artista no ama a los demás pero los busca porque ama los sentimientos que los demás hacen germinar en él y los cultiva como algo que enriquecerá su experiencia y, mediatamente, su arte. El artista no entiende a los demás, no los conoce, les atribuye motivos que los otros jamás han pensado tener y que son válidos para el artista mismo pero no para los demás. Se empeña en verlos de otro modo que como son, de un modo que está más

[12] Aldous Huxley dice textualmente en su novela *El tiempo debe detenerse:* "Nadie que tenga una u otra especie de imaginación creadora puede escapar a la decepción en la vida real". Traducción de Miguel de Hernani, Sudamericana, Buenos Aires, 1945.

[13] Bernard Shaw, *La dama morena de los sonetos,* traducción de Julio Brouta, Editorial Americana, Buenos Aires, 1946.

conforme a la propia imagen del artista. El que sin tener dentro de sí a todos los personajes que mueve en sus obras, el que potencialmente no sea cada uno de esos personajes y se lance a describirlos y a moverlos, fracasa. El mundo que el artista pinta es su propio mundo, los hombres que crea no son los que pasan a su lado en la calle ni los que frecuenta todos los días. Éstos no se reconocerían si les dijeran que han servido de base para la obra de creación. Los hombres que el artista crea tienen una vida: la que él mismo les infunde. Por eso su obra no es comprensible sino para el que es también artista y nadie se apasiona sino por la obra ajena que él hubiera querido y tal vez podido crear.

Resulta pues que el artista es un solitario. Pero si puebla su soledad con Dios, es con un dios que es presencia, figura, belleza, armonía. Se aproxima a él con los ojos abiertos, con los nervios tensos para recibirlo y encuentra una sustancia en la cual extasiarse.

El hombre económico ordena los valores de tal manera que el que ocupa el sitio preferente es el valor de la utilidad. Ve en el conocimiento un modo de facilitar y hacer más seguras e inmediatas las satisfacciones de sus necesidades biológicas y lo convierte así de teórico en práctico: ve en el arte un artículo que se cotiza caro y que puede pregonar, delicadamente, su prosperidad.

Sus relaciones sociales están presididas por el interés y considera la política como un buen o mal negocio. Incluso sus relaciones con Dios adquieren este acento mercantil: lo adora para que lo proteja, le ofrece víctimas para que el poder superior se aplaque y en retribución le ayude en sus empresas.

El político establece con sus semejantes relaciones de dominio, de poder. Su fin, que es dominar, justifica los medios. Convierte a la ciencia en un instrumento para imponer su voluntad y al arte en un orientador de la opinión pública a su favor. (Los tiranos procuran atraerse a los artistas a su partido y cuando no lo consiguen los eliminan pues los temen como enemigos.) Dios está situado en el mismo plano que el sujeto, es decir, lo concibe como un ser cuyo poderío es infinitamente superior pero no esencialmente distinto al suyo. Le caben entonces dos actitudes: la sumisión o la rebeldía. En el primer caso conjura una posible amenaza. En el segundo, como el Holofernes de Hebbel,[14] pone a prueba a la divinidad oponiéndose a ella en un rudo combate.

[14] Friedrich Hebbel, *Judith*, tragedia en cinco actos, traducción de Ricardo Baeza, Emecé Editores, Buenos Aires, 1944. En el primer acto dice Holofernes: "Desde hace tiempo lo sentía yo: la humanidad no tiene más que un gran fin: engendrar un dios: y a este dios ¿cómo probarle su divinidad sino oponiéndose a ella por un eterno combate?"

El hombre social es fundamentalmente erótico. Sus relaciones con los demás son relaciones de amor, y el amor no admite advertencias críticas ni cede ante exigencias estéticas. Es un ánimo de donación de sí mismo a los demás, es un confundirse con los otros, identificar los destinos diferentes y padecerlos juntos.

El hombre religioso tiene la certidumbre de que es en Dios donde descansan todos los valores. Sabiéndolo así, no se detiene en las esencias aisladas ni intenta parciales aproximaciones a ellas. Va directamente a lo que es el origen o la plena realización de todo lo demás.

Estas formas de cultura son como ventanas más o menos amplias desde las cuales el sujeto se asoma para captar el universo. Son el punto de vista en el que se coloca para entenderlo, el sitio estratégico desde el cual puede mejor apoderarse de él. Sin este punto, que la natural limitación del hombre le obliga a adoptar, sin este principio coordinador y sin la selección inevitable que este principio lleva consigo, el universo sería para el hombre sólo una masa informe de datos caóticos y sin sentido. Gracias a los valores, estos datos se agrupan alrededor de un núcleo, se articulan integrando una estructura. El hombre construye así otra vez el universo con el cimiento de los valores, y mediante el proceso cultural reduce el macrocosmos a microcosmos. El universo ha sido construido tantas veces cuantas un hombre lo ha contemplado, ha reflexionado sobre él, lo ha conquistado, pero a las grandes síntesis originales no logran llegar más que unos cuantos hombres lúcidos, una mínima minoría excepcional. La inmensa mayoría se contenta con recibir lo que esos hombres han hecho. Éstos descubren. Aquéllos comparten, heredan los descubrimientos, los asimilan por medio de la educación. (Lo cual no quiere decir que los hombres excepcionales no se eduquen también. Lo que sucede es que en el hombre común y corriente la educación es una meta sin ulteriores consecuencias mientras que en el otro es un trampolín desde el que se lanza tomando altura para un mayor vuelo.)

Cuando Dante encuentra a su maestro Brunetto Latino en el séptimo círculo del infierno, le recuerda los días pasados cuando enseñaba "cómo hacerse eterno".[15] La función de toda cultura, creativa o receptiva, colectiva o individual, es ésta. La serpiente bíblica se antici-

---

[15] Dante Alighieri, *La divina comedia*, 2ª edición, traducción en verso de Bartolomé Mitre, Biblioteca Mundial Sopena, Argentina, Buenos Aires, 1940. En el canto decimoquinto, en el séptimo círculo, aro tercero, de los violentos contra la naturaleza, Dante dice textualmente a su maestro Brunetto Latino: "Presente están en las memorias mías / tu cara imagen y tu amor paterno, / cuando enseñabas, en mejores días, / de cómo un hombre puede hacerse eterno".

pó a Scheler (quien define la cultura como un intento de autodeificación)[16] cuando prometió a quienes probaran los frutos del árbol de la ciencia que serían como dioses. Porque ya era sabido, desde mucho antes que Shakespeare lo expresara,[17] que lo primero que hace falta para ser Dios es la eternidad.

[16] Max Scheler define así a la cultura en su ensayo *El saber y la cultura,* traducción de José Gómez de la Serna, editado por la Revista de Occidente, Madrid, 1926.

[17] Shakespeare pone estas palabras: "Está sentado en su majestad como quien fuera a representar a Alejandro. Lo que ordena está hecho y terminado tan pronto como ordenado. Para ser un Dios no le falta más que la eternidad y cielo para servirle de trono", en labios de Menenio, quien se refiere a Marcio en el acto quinto, escena IV de *Coriolano.* (William Shakespeare, *Obras completas,* 8ª edición, traducción de Luis Astrana Marín, M. Aguilar Editor, Madrid, 1947.)

IV. TEORÍA DE LOS VALORES

En páginas anteriores hemos concebido la cultura como el fruto del trabajo humano, como un mundo que se aparta del mundo natural y que pesa sobre las espaldas del hombre del mismo modo que la tierra pesaba sobre las espaldas de Atlas. Hemos dicho que ese mundo está sometido de manera inmediata a una legislación teleológica, esto es, finalista. Y hemos llamado, a los fines que la cultura persigue, valores.

Pero ¿qué son los valores? Por lo pronto una preocupación, una incógnita. Para despejarla se constituyó en los lustros finales del siglo pasado una disciplina: la axiología o predicación sobre lo digno. La axiología no ha hecho más que agrupar, alrededor de una sola bandera, meditaciones sueltas, investigaciones inconexas. Porque el problema de los valores no es nuevo y su persistencia al través de las diversas épocas históricas garantiza su autenticidad del mismo modo que revela las dificultades que presenta su solución. Los primeros en quienes el problema halló expresión fueron los sofistas al establecer por norma crítica lo obligatorio por naturaleza, frente a lo que obliga por prescripción y acuerdo humanos. Sócrates llama eudemonía a lo que hoy llamaríamos el valor supremo y Platón, arquetipos, a un conjunto de modelos valiosos. Plotino, en sus *Enneadas,* hace referencia a los valores estéticos y eróticos. San Agustín bucea en las profundidades del valor ético en su *Tratado del bien.* Por su parte Santo Tomás (y no es el único filósofo de la Edad Media que lo hace) enriquece el tema con lúcidos descubrimientos, en la cuestión quinta de la primera parte de la *Summa Teológica.* Pero el término "valor" aún no había sido pronunciado. Lo incorpora al vocabulario filosófico Federico Nietzsche tomándolo de los economistas y más concretamente de Marx. Lotze, en su sistema metafísico, distingue el mundo de las formas del mundo de los valores e identifica a este último con el mundo de los fines. Eduardo de Hartmann introduce en Alemania la palabra "axiología", respondiendo así a una urgencia de ordenación e integración ya palpables. Pero es Francisco Brentano en su opúsculo *Los orígenes del conocimiento moral* quien va cimentando cuidadosamente esta doctrina, va solidificando lo que en los libros de Max Scheler y de Nikolai Hartmann alcanzará su desarrollo y plenitud, pasando por los ensayos no menos importantes, imprescindibles, de Windelband, Rickert, Ehrenfels y Meinong.[1]

De los puntos en los que los autores citados y otros más disienten y de las afirmaciones en las que coinciden pueden abstraerse aquellos que son fundamentales en la orientación de sus trabajos y la fecundidad de sus hallazgos. Entonces la problemática de la teoría de los valores se presenta como constituida por tres preguntas, la primera de las cuales se refiere a la existencia de los valores,[2] más precisamente al modo de existencia de los valores porque si se duda que éstos existan y se resuelve que no existen, esta pregunta y las demás que de ella se derivan, y aun toda la axiología, se desploma por carecer de base. Pero afortunadamente los juicios existenciales de valor son, como ya lo apuntaba Brentano, evidentes.

Ahora bien, el problema del modo de ser de los va-

---

[1] Los datos acerca de la evolución e integración de la axiología se encuentran en cualquier historia de la filosofía. Pero es particularmente ilustrativo a este respecto el libro de Augusto Mecer, *La estimativa o teoría de los valores en la actualidad,* traducción de Pedro de Caravia, editado por el Sindicato Exportador del Libro Español, Madrid, 1932.

[2] El orden y el modo con el que se plantean y se resuelven aquí los problemas axiológicos tienen mucha semejanza y están directamente inspirados en las doctrinas de Max Scheler, aunque aquí se haga hincapié, sobre todo, más que en la esencia misma de los valores, en lo que éstos significan y representan para el sujeto y en lo que el sujeto es.

lores se contiene en un terreno filosófico más amplio como es el de la ontología dentro del cual cabe el ser en general. Tradicionalmente se han admitido dos formas de ser: el ser real, aquel que ocupa un lugar en el espacio, que se desenvuelve en el tiempo y que acata las leyes de la causalidad, y el ser ideal que, además de estar por encima de los límites espacio-temporales, se rige por la legalidad de fundamento y consecuencia. Todos los objetos, se decía, pertenecen a uno de estos dos campos o no existen. Y si el valor no puede considerarse como un objeto real, por no ser como los demás objetos reales, inmediatamente perceptible por medio de los sentidos ni situable en un lugar y una hora determinados, se supuso que era un ser ideal. Pero no resultó así. Los valores no son, como el resto de los objetos ideales, demostrables, deducibles. Entonces se abrió una puerta en este callejón aparentemente sin salida: junto a las esencias directamente unidas a significaciones, seres ideales por excelencia, ya descubiertas por Husserl, Scheler descubrió otras que, siendo tan irreductibles como aquéllas, son alógicas, irracionales, situadas fuera de lo inteligible. Estas esencias se unen entre sí por medio de conexiones apriorísticas, la más importante de las cuales es la siguiente: su polaridad. Las esencias son unas positivas y otras negativas pero la misma esencia no puede ser positiva y negativa, aunque toda esencia no negativa es positiva y toda esencia no positiva es negativa. Además es imposible tener por positivo y negativo el mismo valor. (Axiomas de Brentano.) Estas esencias, por otra parte, están colocadas de acuerdo con una jerarquía. No son formas sin contenido sino materias y estructuras cuyo ser consiste en valer.

Valer es no ser indiferente.[3] Es pues nada más una cualidad que al entrar en contacto con un sujeto capaz de apreciarla, éste reacciona adoptando una actitud de atracción o repulsión, de acercamiento o de rechazo. Pero las cualidades no son sustantivas sino que se adhieren a un objeto que se convierte entonces, y gracias a esta adhesión, en valioso. El objeto en el que el valor radica se llama bien.

Los valores se nos aparecen pues como una cualidad que entra en relación con objetos y con sujetos. Pero esta relación no implica la relatividad de los valores. Respecto de la relación del valor con los objetos dice Scheler que las cualidades valiosas no varían con las cosas.

---

[3] Definición de Manuel García Morente, dada en sus *Lecciones preliminares de filosofía* (lección XXIV), Biblioteca Filosófica, Editorial Losada, Buenos Aires, 1941.

El alimento continúa siendo alimento y el veneno, veneno, cualesquiera que sean los cuerpos que a la vez resulten venenosos o alimenticios. Aun donde el objeto es indistinto y confuso puede ya el valor estar claro y distinto. Se puede hablar del rojo como de un *quale* extensivo por ejemplo, como un puro color del espectro, sin concebirlo como la cobertura de una superficie corpórea y ni siquiera como algo plano y espaciado. Así también los valores son accesibles sin que haya que representarlos como propiedades de cosas. Pero es al través de los objetos como los valores pueden ser mejor apreciados, y en los bienes, donde únicamente se tornan reales.[4]

Pero, una vez más, es necesario insistir en que no son los bienes los que determinan la existencia de los valores sino al contrario, son los valores los que determinan, los que hacen posible la existencia de los bienes y son los mismos valores los que modifican esa existencia.

Las relaciones entre el valor y el sujeto son como las relaciones de oferta y demanda. Se dice en economía que algo es valioso cuando satisface una necesidad y

[4] Cita extraída del capítulo primero de la sección primera del libro de Max Scheler titulado: *Ética. Nuevo ensayo de fundamentación de un personalismo ético*, traducción del alemán por Hilario Rodríguez Sanz, editado por la Revista de Occidente, Madrid, 1941.

que la necesidad es un estado de conciencia en el cual advertimos la falta de una cosa cuya privación nos produce pena y cuya posesión experimentamos con placer. Pero se puede ser inconsciente y seguir siendo necesitado porque la necesidad es fundamentalmente la insuficiencia del ser, insuficiencia que le obliga a buscar fuera de sí mismo aquello que en sí mismo no tiene, aquello de lo cual carece. Nuestro concepto de necesidad tiene pues que ampliarse. La necesidad es una sensación, un sentimiento o un estado de conciencia derivado del propio modo de ser insuficiente. Sensación, sentimiento o estado de conciencia en los que se originan múltiples actividades tendientes a compensar esa insuficiencia. Sensación, sentimiento y estado de conciencia que califican, con su atenuamiento o su exacerbación, a esas actividades como adecuadas o fallidas. En resumen, la necesidad es una noción que el ser tiene de sí mismo, el motor de su acción, el puente hacia lo demás. Porque, como decía Spinoza,[5] todos los seres se esfuerzan por perseverar. Hay algunos que lo logran sin salirse de sí mismos. Son los seres inanima-

[5] "Cada cosa, en tanto que es en sí, se esfuerza en perseverar en su ser." Ésta es la proposición VI de la tercera parte de la *Ética* de Benito Spinoza, versión castellana de Manuel Machado, Editorial Garnier Hermanos, París, 6 Rue de Saints Peres, sin fecha de edición.

dos. Pero hay otros que, para lograrlo, se ven precisados a recurrir a otros seres que están más allá de sus propios límites. Éstos son los seres vivos. El primer dato de la vida no es, como quería alguien, el automovimiento. El primer dato de la vida es la insuficiencia de los propios elementos para la perseveración. El automovimiento no es más que una consecuencia inmediata y forzosa de este defecto, de esta falta. El ser vivo es el que tiene que moverse para buscar en los otros lo que en sí mismo no halla. Y los objetos en los cuales los seres vivos encuentran aquello que colma sus vacíos, aquello que favorece sus propósitos o que calma sus apetitos, son los objetos de los que los seres vivos inconscientes se sirven, son los objetos de los que los seres vivos y dotados de la capacidad de hablar, además de servirse, designan como valiosos.

Pero si todos los seres tienden a perseverar, los seres vivos van más lejos aún. Además de conservarse y protegerse procuran también su enriquecimiento y crecen, extienden sus tentáculos, invaden. Lo que en los animales es instinto orientado hacia el alimento, hacia el ambiente propicio, o dispositivo natural que evita los peligros y los defiende de ellos, en la planta es más primitiva y menos eficazmente una dirección hacia la luz. En ambos casos la intención es idéntica: conservar la

124

vida. Pero los instrumentos con los que se pretende llevar a cabo esa intención son distintos y más o menos rudimentarios. En el hombre, la intención, que se sostiene al través de toda la escala animal, se continúa y los instrumentos se perfeccionan y se complican. A nada más que a la conservación de la vida, hacia la expansión de su dominio, hacia la seguridad, hacia la salud, hacia la posesión y el gozo se dirige el trabajo humano. Todo lo que el hombre emprende lo hace para vivir mejor o para vivir más. Si se asocia con los otros hombres es para enfrentarse, con menores riesgos, al peligro, o para aprovechar mejor las ventajas. Si instituye leyes es para ordenar las relaciones interhumanas de tal manera que la vida de las personas se garantice y se respete. Si elabora sistemas económicos es para que esa vida se ensanche y se enriquezca. Si se inclina al conocimiento es para mejor dominar las fuerzas hostiles que lo cercan, para discernir entre todos los elementos los que pueden serle benéficos y para explotarlos. La sociedad, pues, el derecho, la economía y la ciencia considerada según su fin práctico, son realizaciones de valores que satisfacen las más urgentes necesidades vitales. Pero por más que estas realizaciones se aproximen a lo excelente (y esta aproximación no se encuentra por desgracia casi nunca) no es todavía bastante. Porque ninguna de estas realizaciones supera el más importante obstáculo que se le opone, el único, en rigor, enemigo de la vida: la muerte.

Afirman los hombres de ciencia,[6] y en esto coinciden con no pocos filósofos, con casi todos los poetas y hasta con alguna religión, que en el universo no hay más que una sola sustancia y un único tipo de energía aunque ambos adopten tan múltiples y variadas formas. Sin embargo, si se reducen a grandes categorías se agrupan en tres órdenes de fenómenos: los inorgánicos, los orgánicos y los psíquicos. En la materia inorgánica se contiene una energía cuya tendencia irrefrenable es hacia la degradación. Si este proceso se desarrollara en una dirección invariable terminaría por conducir a la total extinción de la energía, hacia una inactividad absolutamente inalterada. Pero sucede que la dirección no se mantiene sino que sobreviene un brusco viraje que consiste en la aparición de la materia orgánica o viva en la que esta tendencia a la degradación de la energía está contrapesada o combatida por otra hacia la actividad, hacia el crecimiento, hacia la multiplicación de las formas, en suma, hacia el acrecentamiento

[6] Nos referimos en este caso concretamente a Julian Huxley, quien expone estas doctrinas en su libro *Ensayos de un biólogo*, traducción de León Dujovne, Editorial Sudamericana, Buenos Aires, 1939.

tanto cuantitativo como cualitativo de la vida. El afán de conservación y perpetuación de la vida al que los seres inferiores obedecen y sirven tan ciega y fielmente con sus escasos medios, se transforma en el hombre en un afán consciente de inmortalidad. La conciencia advierte la relativa ineficacia de sus medios para satisfacer este afán y entonces se efectúa una segunda e igualmente importante rectificación de la dirección evolutiva, esta vez orientada hacia otros planos de la existencia: hacia el plano de la cultura que es donde se realizan los valores estéticos, filosóficos y religiosos.

Ahora bien, ¿de qué manera se cumple aquí o se satisface el afán humano de vida y de inmortalidad? En el ámbito estético es conveniente recordar que el arte en sus principios estuvo muy íntimamente ligado con la magia y que la representación de un objeto equivalía a la posesión del objeto mismo y la posesión al dominio sobre ese objeto. Se supone que era con tal intención que los hombres primitivos pintaban animales en las cuevas que usaban como habitación, y esta hipótesis se basa en el hecho de que no vacilaran en pintar un animal encima de otro ya pintado como si no les interesara más que amontonar figuras que era casi tanto como ser dueños de manadas de animales. Si los atravesaban con flechas era para destruirlos simbólicamente. Nombrar los objetos era animarlos, hacerlos, conferirles una existencia, un ser. Lo primero que hizo Adán en el paraíso fue nominar las cosas que lo rodeaban. Los salvajes no se atreven a nombrar las fuerzas hostiles "por que el nombre no nutra al destino",[7] para no fortalecerlas, haciéndolas desencadenarse más catastróficamente en contra suya. También conviene apuntar que los primeros monumentos artísticos que se conservan son aquellos que estaban destinados a honrar a los muertos. Pudieron ser un simple conjunto de rocas como los dólmenes que aún hoy se observan en la Bretaña y el Finisterre. Pero mucho antes que los vivos tuvieran casas confortables que los protegieran de las inclemencias del ambiente, los muertos tuvieron sepulcros suntuosos.[8] En la actualidad las relaciones del arte con el anhelo de super-

---

[7] "Nos callamos las horas y el día / sin querer la faena nombrar, / cual se callan remeros muy pálidos / los tifones, y el boga, el caimán, / porque el nombre no nutra al destino, / y sin nombre, se pueda matar." "Nocturno de los tejedores viejos", Gabriela Mistral, *Tala. Poemas,* Editorial Losada, Buenos Aires, 1947.

[8] "Se ha edificado para los muertos antes que para los vivos —dice Bachofen en su autobiografía—. Para el breve tiempo que les es dado a los vivos bástales frágil madera. En cambio la eternidad deparada a los muertos exige que sus edificios sean construidos con la más dura piedra. El culto más antiguo se aplica a la piedra que señala la tumba: el templo más antiguo es el edificio mortuorio: el arte y la ornamentación tienen por origen

vivencia o la concepción del arte como un arma contra la muerte o como un instrumento de la vida, son menos visibles porque el arte ha evolucionado y los frutos suelen no ser iguales a sus raíces. Pero aún hoy el artista busca sobrevivir en la memoria de la posteridad y dejar su obra en una materia más duradera que la carne. Lo reconoce así Marcel Proust[9] (cuyas frases al respecto elegimos citar entre otras innumerables de artistas) cuando afirma: "Es un deber para todo escritor hacer pasar sus ideas de un cerebro frágil a páginas acaso fugitivas, pero al menos independientes de la destrucción del cuerpo vivo". En ocasiones el nombre mismo del autor se pierde o no se consigna nada referente a su historia. Pero el mármol, el papel, la tela testimonian su vida y la prolongan. Y los objetos sobre los cuales el arte ha trabajado, los materiales que la elaboración artística transfiguró (un episodio cualquiera, un trozo de paisaje, un retrato) se salvan, de la misma manera que se salvó todo lo que Noé hi-

el adorno de las tumbas." Oswald Spengler, *La decadencia de Occidente,* capítulo III, "Microcosmos", traducción de Manuel García Morente, 5ª edición, Espasa-Calpe, Madrid, 1940.

[9] Proust afirma esto en una de las cartas que integran su correspondencia con Louis de Bonald. Dato recogido por León-Pierre Quint en su libro *Marcel Proust. Juventud, obra, tiempo,* traducción de José Mora Guarnido, Santiago Rueda Editor, Buenos Aires, 1944.

zo subir a su arca, del diluvio del tiempo, del olvido y de la muerte.

La filosofía fue ya definida por Platón como una preparación para la muerte,[10] esto es, como un ejercicio para la inmortalidad. Porque la muerte que la filosofía prepara y facilita es la del cuerpo. Filosofar es liberarse de esa "Locura" que es la vida corporal prefiriendo en cambio la sabiduría de la verdad. Cuando se comprueba, después de repetidas y abundantes experiencias, que el hombre es capaz, como lo fue por ejemplo Sócrates, de sacrificar su existencia individual por una

---

[10] Sócrates dice textualmente en el *Fedón:* "El vivir es para todos los hombres una necesidad absoluta e invariable, hasta para aquellos a quienes vendría mejor la muerte que la vida". ¿Cómo pueden los filósofos desear no existir poniéndose fuera de la tutela de los dioses y abandonar la vida sometida al cuidado de los mejores gobernadores del mundo?, pregunta entonces Cebes, quien piensa que a los sabios aflige la muerte y sólo regocija a los mentecatos. A lo que responde el mismo Sócrates: "Los hombres ignoran que los verdaderos filósofos no trabajan durante su vida sino para prepararse a la muerte; y siendo esto así sería ridículo que después de haber perseguido sin tregua este único fin recelasen y temiesen cuando se les presenta la muerte". ¿Y en aras de qué esta preparación? Del conocimiento de la verdad. ¿Y cómo llegar a él? "El cuerpo nunca nos conduce a la sabiduría", con lo que se demuestra que "si queremos saber verdaderamente alguna cosa es preciso que abandonemos el cuerpo y que el alma sola examine los objetos que quiere conocer. Sólo entonces gozamos de la sabiduría de la que nos mostramos tan celosos; es decir, después de la muerte y no durante la vida". Platón, *Diálogos,* traducción de Patricio de Azcárate, tomo I, Universidad Nacional de México, 1921.

idea, se siente uno tentado a concluir que si lo hace es porque no le importa mucho la existencia que sacrifica. Lo cual es falso. El hombre la inmola no porque su existencia no le importe sino porque le importa más una forma de vida que otra. El sabio no puede ignorar que la vida que anima su cuerpo es transitoria y que aunque la escondiera, para defenderla, en el centro mismo de la tierra, hasta allí llegaría la muerte a destruirla. Y sabe que la idea a la que se abraza perdurará más que su cuerpo. Esta idea, para los filósofos, es verdadera. La verdad es inmutable, está situada encima del tiempo y del espacio, más allá de los engaños de los sentidos, en un horizonte tan elevado que ya no la alcanzan los criterios contradictorios de los hombres, las opiniones en boga en una época o en un país determinados. En suma, la verdad se identifica así con la eternidad, o mejor dicho se corona con ella. Y el filósofo participa de esa eternidad por medio del conocimiento.

La religión garantiza una inmortalidad sin sobresaltos (o con torturas para los masoquistas que conciben la vida como un sufrimiento y se sienten más vivos mientras son más atormentados) por medio de la fe en un ser inmortal: Dios. Este dios, lo mismo que la inmortalidad que ofrece, puede ser personal o impersonal. Dato que no es muy importante y en última instancia depende, como diría Aldous Huxley,[11] de la dieta de los pueblos o individuos que profesan tales creencias: los que comen carne creen en un dios personal, vengativo, celoso. Los que se alimentan preferentemente de vegetales diluyen la personalidad divina como el azúcar en el agua. Así está Dios en cada uno, hasta el más insignificante, de los objetos circundantes, invisible pero presente. Mientras más y mejor vida asegura una religión, más arraigo tiene entre la gente y, si nos

[11] Aldous Huxley en su novela *Con los esclavos en la noria* (traducción de Julio Irazusta para la colección Horizonte de la Editorial Sudamericana, 2ª edición hecha en Buenos Aires en 1943) pone en boca de uno de sus personajes —el doctor Miller— las siguientes palabras: "Observe la correlación entre la religión y la dietética. Los cristianos comen carne, beben alcohol, fuman tabaco; y el cristianismo exalta la personalidad, insiste en el valor de la plegaria pedigüeña, enseña que Dios siente cólera y aprueba la persecución de los herejes. Lo mismo pasa con los judíos, musulmanes. Kosher y el colérico Jehová. Vaca y ternero... y supervivencia personal entre las huríes, Alá vengativo y guerras sagradas. Ahora, observe a los budistas: legumbres y agua. ¿Y cuál es su filosofía? No exaltan la personalidad, no tratan de trascenderla, no imaginan que Dios pueda estar colérico; cuando no son ilustrados creen que es compasivo y cuando lo son creen que no existe, a no ser como el impersonal espíritu del universo. Por ende no ofrecen plegarias de pedigüeños; meditan... o, en otras palabras, tratan de anegar sus espíritus en el espíritu universal. Por último, no creen en la providencia especial de cada individuo; creen en el orden moral donde la carta le es impuesta a uno por el conjurado pero sólo porque las anteriores acciones de uno le impusieron al conjurado imponérsela a uno. Estamos aquí separados por varios mundos de Jehová y Dios Padre y de las almas individuales eternas. Resultado, claro está, de que pensamos según comemos".

estuviera permitido decirlo, más éxito mientras más detalladamente describe la vida eterna y señala al alma el rango que ocupará en el otro mundo, para que nada falte a su certidumbre. Por eso Cristo hizo la rotunda promesa de que quien observara su doctrina no moriría jamás.[12] La vida eterna exige, en la mayor parte de los casos, para ser merecida, el ascetismo. Vivir según la carne, para San Pablo,[13] es morir. En el ascetismo el santo se asemeja al sabio. Pero va más allá que él como va más allá que el artista. Porque en tanto que el sabio capta la eternidad desde uno de sus aspectos como es el de la verdad o el artista la percibe como belleza, el hombre religioso le atribuye a Dios la verdad, la belleza y además el amor. Todas las perfecciones. Con lo que Dios resulta lo eterno por excelencia, es decir, lo absoluto.

[12] En el *Evangelio según San Juan* (IX-51), Cristo dice textualmente: "En verdad, en verdad os digo que quien observare mi doctrina no morirá jamás". *El Nuevo Testamento,* traducción de Félix Torres Amat, editado por la *Revista Católica,* El Paso, Texas, 1944.

[13] San Pablo en su "Epístola a los romanos" (VIII-13) dice textualmente: "Así que, hermanos, somos deudores, no a la carne para vivir según la carne. Porque si viviréis según la carne, moriréis; mas si con el espíritu hacéis morir las obras de la carne viviréis". También en un versículo anterior (el número 6) de la misma epístola afirma que "la sabiduría de la carne es muerte". *El Nuevo Testamento,* traducción de Félix Torres Amat, editado por la *Revista Católica,* El Paso, Texas, 1944.

Así la cultura se nos aparece de pronto, lo mismo que la Electra de Sófocles,[14] como la hija de la más funesta madre: de la muerte. No nos hallamos muy lejos de la afirmación de Spengler:

> Cuando el hombre se hace hombre y conoce su inmensa soledad, cuando vislumbra sus límites, el sentido, la duración y el fin de su vida, despierta en su corazón el terror cósmico bajo la forma puramente humana de terror a la muerte. He aquí el origen del pensamiento elevado que en sus principios no es sino una meditación de la muerte. Toda la religión, toda la ciencia natural, toda la filosofía, tienen aquí su punto de partida.[15]

Vemos que los valores, para ser alcanzados, determinan y exigen una conducta especial. El conjunto de reglas mediante las cuales esa conducta resulta idónea para el fin que se persigue se llama ética. La ética dictamina de lo bueno y de lo malo pero su calificación no es autónoma. Lo bueno y lo malo lo son pero solamente en relación a un fin. Ese fin es el valor. La calificación de bueno o malo puede hacerse desde dos pun-

---

[14] Sófocles pone en labios del coro este apóstrofe en su tragedia *Electra,* traducción de J. C. Bardé, Biblioteca Clásica Universal, Librería Perlado Editores, Buenos Aires, 1944.

[15] Oswald Spengler, *La decadencia de Occidente,* capítulo III, "Macrocosmos", traducción de M. G. Morente, 5ª edición, Espasa-Calpe, Madrid, 1940.

tos de vista: se dice que algo es bueno si conduce al fin querido. Pero también se dice que algo es bueno cuando el fin al que conduce o valor es el satisfactor más adecuado y completo para la necesidad fundamental del hombre: la necesidad de vivir.

El haber definido los valores como satisfactores de una necesidad podría inducir a quienes lean esto a equivocarse creyendo que defendemos un subjetivismo. Uno de los más indispensables cuidados de los teóricos de los valores es el de asegurar la vigencia de ellos contra cualquier amenaza. Y la más terrible amenaza que un valor puede sufrir es la del subjetivismo. Hacerlo depender de los juicios estimativos de los hombres es, en cierto modo, negarlo. Por eso es por lo que se ha procurado justificar con toda clase de argumentos la objetividad incondicionada del valor. Y esta objetividad incondicionada debe ser, como la mujer del César, insospechable de cualquier liga con la opinión humana. La crítica y la negación del subjetivismo ya ha sido formulada, definitivamente, por Husserl en sus *Investigaciones lógicas*. No vamos a repetirla aquí porque resultaría superflua. Estamos de acuerdo con ella. Únicamente vamos a tratar de mostrar que nosotros, a pesar de que las apariencias nos condenen, rechazamos también todo subjetivismo, todo relativismo.

Cuando hacemos del valor uno de los términos de la relación referida a las necesidades de un sujeto, lo hacemos de la misma manera que Hesse, por ejemplo, hace del objeto del conocimiento el término de la relación con un sujeto cognoscente.[16] Pero no decimos, como tampoco lo decía Hesse, que la realidad del valor empieza y termina en esa relación. No. La relación es sólo uno de los momentos en la realidad del valor que existía antes y seguirá existiendo después de que la relación se efectúe, realidad que no se verá afectada porque esa relación se lleve a efecto o no. Otra cosa más. El valor no es puesto en el objeto por el sujeto sino encontrado en él. El sujeto va al objeto porque hay en él, ya de antemano, una cualidad satisfactoria de sus necesidades, una cualidad que el sujeto no puede conferir puesto que no la posee y no la posee puesto que se ve obligado a salir de sí mismo para buscarla. La necesidad no es una facultad humana creadora de valores sino únicamente un instrumento descubridor de ellos. Si las necesidades desaparecieran no desaparecería la cualidad valiosa de los objetos pero sí esta cualidad sería ya incapaz de despertar interés en el sujeto. Y aun,

[16] Juan Hesse, *Teoría del conocimiento,* 2ª edición, sin consignación de traductor, Colección Austral, Espasa-Calpe Argentina, Buenos Aires, 1942.

para llevar este razonamiento hasta sus últimos extremos, si desaparecieran los sujetos todos, sin excepción, no por eso desaparecerían los valores ni se vería menguada o modificada su existencia. Lo único que desaparecería sería la relación estimativa. Pero, sin que sucediera esta catástrofe, existiendo los sujetos como seres necesitados y haciendo depender la existencia del valor de las apreciaciones estimativas, todavía su inmutabilidad, su constante vigencia, estarían garantizadas, porque la necesidad no es algo frívolo o superficialmente colocado en los seres vivos sino que constituye su raíz más íntima y verdadera. Más allá de las modas, de las opiniones de los individuos, de los pueblos y de las épocas, en fin, más allá de los vaivenes de la historia, la necesidad subsiste por encima o por debajo de las variaciones como la unidad que se advierte en medio de los cambios.

De que los valores sean satisfactores de las necesidades y de que las necesidades sean susceptibles de ser satisfechas de una manera más o menos completa se deduce con facilidad otro de los rasgos característicos de los valores: el de estar agrupados de acuerdo con una jerarquía. Ahora bien, siendo los valores en primer término seres que posteriormente entran en relación tanto con objetos en los cuales se aposentan como con sujetos capaces de estimarlos, la jerarquía de los valores puede ser establecida partiendo desde tres puntos de vista diferentes: desde el punto de vista del valor mismo considerándolo como un ser aislado; desde el punto de vista del objeto en el cual radica y, por último, desde el punto de vista del sujeto capaz de estimarlo.

Desde el primero de los puntos de vista mencionados, esto es, el de los valores considerados como seres aislados, la jerarquía se establece colocando en los sitios más altos y superiores a los valores más independientes. La independencia se juzga atendiendo a los demás valores. Un valor será tanto más alto cuanto más independiente, es decir, cuanto menos esté fundado en ningún otro valor sino, antes bien, los otros valores reciban de él sus fundamentos, compartan sus cualidades, sean, por decirlo así, sus satélites.

Desde el punto de vista del objeto albergue de valores el criterio para determinar la jerarquía será la perdurabilidad. Los objetos serán tanto más valiosos cuanto más perdurables, o lo que es lo mismo, cuanto menos expuestos se hallen a los embates del tiempo y cuanto más por encima de esta dimensión se sitúen.

Por último, el sujeto se guiará, para conocer el rango que ocupa un valor en la escala axiológica, por sus propias experiencias. El índice para determinar la jerarquía estará constituido en él por la satisfacción que sus necesidades reciban. Así, un valor será tanto más elevado cuanto más satisfactorio resulte de la necesidad más radical y fundamental del sujeto.

Pero de la multiplicidad de criterios para fijar la jerarquía de los valores (independencia, perdurabilidad, satisfacción) no se sigue la multiplicidad de las tablas valorativas porque estos tres criterios coinciden siendo así posible la erección de una sola tabla valorativa que califica como valor más alto al que, por una parte, es el más independiente, pero a su vez esta independencia se manifiesta, en el objeto que de este valor participa, como perdurabilidad y aparece, ante el sujeto que lo estima, como una más completa satisfacción.

Pero ¿cuál es entonces el valor supremo que reúne, en plenitud, estos tres atributos? La eternidad. Es el más independiente porque no recibe cualidades sino que las otorga. La eternidad es como el ámbito dentro del cual todos los demás valores se colocan, la atmósfera que respiran, el suelo en el cual se nutren. Y es gracias a esta respiración, a esta nutrición, que la existencia de los demás valores es posible.

Los valores son tanto más elevados mientras en mayor medida participan del valor supremo de la eternidad y mientras con mayor abundancia la confieren a los objetos en los cuales se instalan. Pero la participación de los objetos es siempre imperfecta y parcial. No hay un solo objeto valioso, no hay un solo bien en el que la eternidad se vuelque totalmente. Todos ellos son aproximaciones más o menos lejanas, más o menos felices. Y no hay un solo sujeto que conozca el valor supremo en su integridad porque los astros demasiado poderosos ciegan a quien los contempla. Y es esta perenne insatisfacción el móvil incansable de la historia. Es la nostalgia de lo eterno la que empuja al hombre al arte, a la filosofía, a la religión. En el arte el sujeto (cuando es únicamente receptivo) experimenta una satisfacción incompleta y transitoria, por lo que se ve obligado a ir de una obra de arte a otra sin saciarse jamás ni declarar definitiva a ninguna. Si el sujeto es además creador de formas artísticas, en la creación calmará momentáneamente su ansiedad. Pero no tarda en darse cuenta de que lo hecho no se acerca, ni remotamente, a lo que hubiera deseado hacer para quedar satisfecho. Y vuelve a empezar. Por su parte el objeto artístico, o sea la obra de arte, tiene una vigencia tanto más inalterable cuanto más hondamente incide en la eternidad y ésta se transparenta al través de los ropajes circunstanciales que la recubren. (Acaso el único criterio para considerar auténtica una obra de arte sea el de la perdurabilidad de su vigencia. Los clásicos son los que perduran, los que sobreviven a las modas pasajeras. Un clásico es siempre contemporáneo de todas las épocas.) En el objeto artístico la eternidad se muestra al través de una forma individual, se encierra dentro de límites estrechos. El valor estético de la belleza se funda en el de la eternidad a la que refleja en uno de sus atributos: el de la unidad armónica. En la filosofía el sujeto alcanza una satisfacción menor cuanto más difusos se encuentran sus pensamientos en doctrinas diferentes. Está más satisfecho cuando ha logrado sintetizar la dispersión primitiva en una sola teoría y afirmarla como definitivamente cierta. (El escéptico es la antítesis del filósofo, es el impotente para filosofar. El filósofo es el sujeto capaz de superar la duda, es un hombre de convicciones y no un hombre de fe porque pretende que sus ideas sean universalmente aceptadas porque son indudablemente demostrables. Todo sujeto, con tal de que ejercite su inteligencia, que es lo que une a los hombres porque potencialmente es igual en todos y su desarrollo se hace siguiendo en todos las mismas normas, es capaz de advertir la validez universal de una idea.) El valor del conocimiento filosófico se aproxima a la eternidad por el camino de lo extenso y la capta

141

como generalidad. Por último, en la religión el sujeto alcanza una revelación inmediata de lo eterno, de lo absoluto. Y ésta es a tal grado intensa y perfecta que resulta incomunicable. Los místicos, de regreso de sus éxtasis, no han podido nunca narrarlos. Son experiencias inefables. El objeto religioso no se explica porque pretende ser evidente y la evidencia hace superflua toda explicación. Las religiones se consideran a sí mismas como las depositarias exclusivas de lo absoluto. Es en el carácter de depósito donde todas las religiones se asemejan y es en su pretensión de exclusividad donde se limitan y en las formas que la exclusividad asume donde se distinguen. El valor religioso sitia a la eternidad desde varios aspectos y logra de ella la conquista más total. Es, por lo tanto, el valor más alto después del supremo, su directo y más legítimo sucesor.

El segundo gran problema de la axiología, una vez resuelto el de la existencia de los valores u ontológico, es el de su conocimiento o gnoseológico. No es cuestión ya de preguntarse si este conocimiento es posible porque ya hemos hablado lo suficiente de cómo el valor se comporta como satisfactor de las necesidades y cómo el sujeto necesitado advierte la cualidad valiosa o satisfactoria de los objetos y se siente atraído hacia ellos. (Si esto no sucediera así, es decir, si el sujeto necesitado fuera incapaz de advertir la existencia del valor, de localizarla y de dirigirse a ella, no se podría hablar del sujeto porque éste desaparecería perdido por su ineptitud para conservarse.) Lo que constituye todavía un problema es la forma en la que el sujeto conoce los valores y los aprecia. Scheler opina que los valores se nos entregan en una intuición emocional y que el mundo de los valores permanece herméticamente cerrado para la inteligencia. (Porque la inteligencia y su instrumento, la lógica, tienen un punto neutro como el cero de los termómetros, sobrepasado el cual todo se vuelve absurdo y como vuelto al revés. Los valores están más allá de ese punto.) Pero esto depende más bien del sujeto cognoscente. En algunos, el conocimiento del valor no pasa de ser un simple movimiento instintivo, un fuerte impacto emocional. En otros, sobre el primer aviso del instinto o de la emoción, se finca una elaboración posterior que intenta, por medio del análisis, lograr la explicación y el esclarecimiento de los procesos internos ante los objetos valiosos. Es posible, pues, intelectualizar el proceso cognoscitivo reflexionando sobre él, pero no es posible llevar esta operación hasta la más recóndita intimidad de los valores mismos que permanecen indefinibles. Intelectivamente es posible verlos pero hasta cierto punto.

143

Es una contemplación que exige la perspectiva. Un acercamiento excesivo le está vedado a la lógica pues los contornos de los valores se le escapan, de la misma manera que cuando acercamos con exceso nuestros ojos a la página que queremos leer las letras empiezan a danzar, entremezcladas y borrosas.

Ahora bien. Esta entrega de los valores ¿es inmediata, directa? Consideramos que no. Lo primero que el sujeto intuye no es el valor sino su propia necesidad, su peculiar y urgente insuficiencia. Como Adán después de la culpa, el paso con el que se inicia la conciencia es el de la palpación de la propia desnudez, del desamparo, de la debilidad. Es al través de esta intuición primordial que al sujeto se le revelan de pronto los objetos como teñidos de una cualidad que los hace atractivos o repugnantes, es así como entra en contacto con los valores. La distinción entre el objeto y la cualidad que en él se halla no se efectúa sino hasta que el sujeto reflexiona sobre ellos y la separación entre uno y otra no es más que el resultado de un aprendizaje, de una larga experiencia. En algunos individuos mejor dispuestos que otros en este aspecto, el aprendizaje no es difícil y pronto llega el momento en que la cualidad misma, sin precisar de soporte ninguno en la realidad, le será accesible por un proceso de abstracción. En otros, peor dispuestos, la cualidad no será advertida sino dentro del objeto y ambos permanecerán indisolublemente unidos.

La axiología se pregunta, por último, si los valores son susceptibles de ser realizados, es decir, si el sujeto, después de conocerlos y apreciarlos, es aún capaz de apoderarse de ellos, de incorporarlos a su propio ser y de asimilarlos confiriéndoles un tipo de realidad semejante a aquella peculiar a la que el sujeto pertenece. Para responder afirmativamente a esta pregunta tenemos desde luego el testimonio de la historia. Todos los documentos históricos son pruebas de que un sujeto determinado realizó un valor determinado. (Eso no significa que los intentos de realizar los valores sean un tiro que siempre, infaliblemente, da en el blanco. Estos intentos son, infinidad de veces, un tanteo miope y torpe. Pero una de las características de los fracasos es el de ser olvidados, y la historia, que es un registro de los acontecimientos positivos, no los consigna.) Los valores son susceptibles de ser realizados correspondiendo esta potencialidad suya a la potencialidad del sujeto para realizarlos. Pero no todos los individuos pueden realizar todos los valores ni un individuo realiza un solo valor en su plenitud. El sujeto, como limitado que es, tiende, con mayor fuerza, hacia un determinado y especial tipo de valores y tiene una mayor facilidad para realizarlos, facilidad de la que no da muestras cuando se trata de realizar otro tipo de valores. Ya nos hemos referido a este fenómeno en el capítulo anterior al hablar sobre las formas de la cultura y las profesiones. En el sujeto concurren pues una serie de circunstancias que le permiten intentar con éxito la realización de un valor o una serie de valores. Pero si a ese conjunto de circunstancias no agrega el sujeto su voluntad, los valores permanecerán irrealizados. Porque el sujeto se comporta libremente ante la posibilidad de realización o no realización de los valores. Y hace uso también de la libertad cuando realiza un valor y no otro. Porque de la mayor altura que un valor tenga en la jerarquía axiológica no se sigue que se imponga más fatalmente, así como de la mayor urgencia con que el sujeto experimenta una necesidad no se concluye que esa necesidad sea ineludiblemente satisfecha antes que las otras. El sujeto es libre para posponer un valor a otro, libre para escoger entre la satisfacción de una necesidad y no otra, libre para elegir entre satisfacer una necesidad o no satisfacerla. Esta facultad humana libre que conoce los valores, que se acerca o se retira de ellos, que prefiere uno a otro y que los realiza, se llama espíritu.

V. DESCRIPCIÓN DEL ESPÍRITU

HEMOS dicho en párrafos anteriores que los seres vivos son radicalmente insuficientes y que esta insuficiencia los obliga a salir de sí mismos y a ponerse en contacto con el mundo externo. Ahora bien, la manera que tienen los seres vivos de comunicarse con el ambiente que les rodea es variable y cambia de un ser vivo a otro, lo que permite dividirlos, desde este punto de vista, en tres grandes grupos: el vegetal, el animal y el humano, caracterizándose cada uno y distinguiéndose de los demás por un peculiar modo de conocimiento y una específica forma de conducta mediante los cuales recibe los estímulos exteriores e interiores y responde más o menos adecuada y perfectamente a ellos.

Ha sido una actitud tradicional considerar a las plantas unos pobres seres encadenados, sordos, ciegos y mudos. Para Linneo[1] son simples *corpora organita et*

---

[1] Esta cita, como todos los demás datos para la formación de nuestro concepto de las características de los seres que pertenecen al reino vegetal, está tomada del libro de Elio Baldacci, *Vida privada de las plantas,* tra-

viva, non sentientia. La visión más moderna de Scheler[2] las reduce todavía a un mero impulso afectivo, un placer y padecer inertes, un soportar el ambiente tal y como se presenta y, cuando resulta insoportable, un perecer. Sin embargo una investigación más cuidadosa de su comportamiento nos las revela mucho más activas de lo que a primera vista se muestran: luchando para adaptarse a las circunstancias, emigrando hacia climas más propicios a su desarrollo, constituyendo sociedades, ayudándose mutuamente en un intercambio de sustancias de las que unas plantas carecen y otras proporcionan a trueque de elementos que ellas a su vez precisan; invadiendo el desierto, aprovechando, para sus propios fines, aun a los mismos animales a quienes convierten en auxiliares de sus funciones reproductoras o a quienes toman, más directamente, como alimentos.

Pero si la primera visión del reino vegetal era errónea porque desconocía casi en su totalidad las atribuciones de las plantas, esta segunda podría serlo también por pretender adjudicarles atributos que las plantas no

ducción de Emilio Vera González, Colección Ciencia y Cultura, Editorial Sudamericana, Buenos Aires, 1941.

[2] Max Scheler, *El puesto del hombre en el cosmos,* traducción de José Gaos, Biblioteca Filosófica, Editorial Losada, Buenos Aires, 1943.

poseen. Se hace indispensable pues señalar concretamente qué relaciones mantiene la planta con el mundo circundante, qué partes de él asimila, cómo lo percibe, cómo reacciona y cuáles son los órganos que se
encargan de esta percepción y reacción.

Los procesos químicos que sostienen la vida vegetal
están condicionados esencialmente por la presencia de
la luz. Sin ella la clorofila no elaboraría sus síntesis. De
ahí que la luz sea uno de los estímulos principales al
que corresponde la sensibilidad vegetal. Si se cultiva
una planta en una habitación oscura en la que no se
advierta más que un único foco luminoso se observa-
rá cómo se dirigen hacia él los tallos, el protoplasma de
cuyas células manifiesta así su fototropismo. La posición de las hojas y los movimientos que éstas efectúan
tienen la misma causa. Algunas buscan la luz y se abren
para absorberla plenamente en los momentos más
asoleados del día; otras huyen de ella porque su intensidad les provoca una transpiración más activa, lo que
supone una pérdida indeseable de agua. Su fuga, rudimentaria, consiste en un replegarse y contraerse. El
mecanismo con que se llevan a cabo estos movimientos es distinto: en los tallos es el crecimiento desigual
de las células (cuya multiplicación aumenta o dismi-
nuye en relación con la luz) y en las hojas una verda-

dera articulación. En cuanto al acto de abrir y cerrar de las corolas según la hora, está determinado ya no sólo por el estímulo luminoso, sino también por los fenómenos de la reproducción y por uno de los más relevantes aspectos que éste asume, como es el de la visita de los insectos que transportan el polen fecundador.

Las plantas perciben también la gravedad. Sea la que se quiera la posición de la semilla después de que ha germinado, el tallo se dirigirá, ineludiblemente, hacia arriba y la raíz hacia abajo, aunque para seguir esta dirección se vea constreñida a formar curvas y recovecos. El geotropismo de la planta, su sentido del equilibrio y de la orientación radica en células que contienen gránulos de almidón inmergidos en el protoplasma y que se mueven libremente dentro de él. Pero la raíz busca la tierra porque allí encontrará también humedad. Y la planta es no sólo sensible al agua sino a las sustancias químicas, como los vapores de cloroformo, de éter y de amoniaco que les provocan, aun con mínimas cantidades, el movimiento de sus tentáculos o, cuando se trata de los narcóticos, la parálisis, el adormecimiento y aun, si el efecto del narcótico se prolonga, la muerte de la planta por cesación de sus funciones vitales: la alimentación y la respiración.

Al sentido finísimo del olfato debemos agregar en la

planta el sentido del tacto. Algunas advierten la presencia de un insecto cuando éste se posa encima de ellas. La sensitiva no puede ser tocada en la extremidad de una de sus hojas sin que todas se inclinen rápidamente. La sensación de una quemadura se transmite aquí de una hoja a todas las demás con una velocidad notable. Este mismo sentido del tacto les permite, a las plantas que lo necesitan, encontrar un sustentáculo a partir del cual crecen y se levantan.

La planta carece, sin excepción, de sistema nervioso. Pero, de otro tipo, sus aparatos le sirven para subsistir. Si sus medios son exiguos no son mayores sus necesidades. Orientada hacia la luz, la tierra y el agua; sensible a los olores y al contacto, tiene lo suficiente para vivir y medrar. El animal, en cambio, es, como dijo alguien, la planta que se ha echado a andar. Y ha echado a andar y se ha desarraigado porque los satisfactores de sus necesidades están situados un poco más allá de lo que alcanzaría sin desplazarse. Y lo que en la planta es una pasiva absorción y asimilación o, lo más, una atracción hacia sí de lo que está lejano (como en el caso de las plantas carnívoras, devoradoras de insectos), en el animal se transforma en una búsqueda activa. Y lo que en la planta era permanencia dentro de un alrededor relativamente constante, invariable, en el que para acomodarse no se requería más que ser también relativamente constante, invariable, en el animal es dinamismo, ensanchamiento del alrededor y, por lo mismo, variación. Esta variación trae consigo un número mayor de situaciones que exigen una mayor adaptabilidad del ser vivo para poder hacerles frente. Los aparatos cognoscitivos y activos tienen que afinarse y complicarse para responder a la complicación de las exigencias.

Entre las situaciones en las que el animal se encuentra hay algunas, y son la mayoría, que se presentan con tal regularidad y persistencia que bien pueden ser llamadas típicas. El mundo del animal no es muy extenso y dentro de él los acontecimientos se repiten una y otra vez en la existencia del individuo y en las sucesiones de la especie. Para esta repetición basta, y corresponde a ella, la conducta instintiva. El instinto se define[3] como la respuesta automática, sin aprendizaje previo y sin deliberaciones, sin conocimiento de la relación entre los medios puestos en juego y el objeto hacia el que se tiende, a una situación típica. (Usando una comparación, el instinto sería semejante a un mecanismo que se pusiera en actividad al apretar un botón.

[3] Definición dada por Scheler en la obra anterior e inmediatamente citada.

El botón sería el estímulo situacional.) Esta respuesta parece ser innata. (Respecto al origen de los instintos hay todavía una encendida discusión y los naturalistas y filósofos no se han puesto todavía, como era de esperarse, de acuerdo. Pero es bastante aceptable la teoría que afirma que los instintos no son más que hábitos transmitidos de una generación a otra por medio de la herencia. Hábitos que nacieron de tentativas aisladas, espontáneas, sujetas al principio de la prueba y el error y que fueron seleccionados entre otros y deben su permanencia a su mayor eficacia y menor esfuerzo.) Pero desde luego esta respuesta no es única. (Respecto al número de los instintos tampoco se han puesto de acuerdo los especialistas. En tanto que algunos, como William James, alcanzan a contar la elevada cifra de treinta y dos, Mc Dougall se conforma con apuntar quince y Freud y su escuela los reducen todos a uno fundamental: el genésico.)[4] Según el objeto que persiguen, los instintos pueden ser clasificados en dos grupos: los instintos de conservación individual que comprenden al instinto nutritivo y al de defensa; y los instintos de

[4] Estadística recogida por Henri Roger en sus *Elementos de psicofisiología,* traducción de Rafael Sampayo, *El espíritu científico,* Biblioteca Argos, Buenos Aires, 1948. Suyos son también todos los datos que se refieren a los instintos y que aparecen en este capítulo.

conservación de la especie que abarcan a los instintos genésicos y maternales, el instinto migrador y el instinto gregario.

El instinto de la nutrición es el primero, cronológicamente, en aparecer. Diversos experimentos (entre ellos se destaca el ya clásico y que ha servido de pauta aun a los investigadores más modernos: el experimento de Galeno, quien por laparatomía extrajo un cabrito y, sin dejarlo ver a su madre, lo condujo a un sitio en el que se encontraban vasijas llenas de vino, aceite, miel, leche, cereales y fruta. Sin ninguna vacilación se vio cómo el cabrito marchaba hacia la leche) de laboratorio, efectuados entre muy diversos sujetos, comprueban que la elección instintiva del alimento y también su combinación en proporciones adecuadas es tan certera que la atracción ejercida por el alimento apropiado sobre el sujeto hambriento se confunde fácilmente con un proceso de afinidad química. Este quimiotropismo que atrae a los animales, a veces desde distancias muy largas, hacia determinadas sustancias, se efectúa, muy probablemente, al través del olfato, sentido que los animales tienen extraordinariamente desarrollado. Los animales salvajes, guiados por él, no consumen nunca hierbas que les podrían ser nocivas. En cambio los animales cautivos o domésticos a quienes la seguridad de ser alimentados ha impedido el ejercicio de sus sentidos haciéndolos perder así su fineza primitiva, no disciernen tan infaliblemente como los otros, aceptando alimentos peligrosos que no sólo les ocasionan trastornos sino que, a veces, les provocan la muerte.

El instinto de la alimentación lleva a ciertos animales a efectuar provisiones que esconden en excavaciones naturales o que entierran (procedimiento al que también recurren con el fin de dejar ablandar un alimento demasiado duro). Este mismo instinto hace que los animales se desplacen en busca de ambientes en los que hallarán mejor y más fácil satisfacción de su apetito. Los herbívoros no tienen más que tomar un elemento que se les ofrece gratuitamente y sin mayores obstáculos. En cambio los carnívoros se ven forzados a perseguir y abatir a los animales que les deben servir de pasto. Necesitan, por lo tanto, efectuar actos muy complicados como son el rastreo de la presa, el acecho de la víctima, la captura, poniendo en función una serie de procedimientos que exigen cierto grado de reflexión y de ingenio. Esto desarrolla sus capacidades y los eleva de nivel dentro de la escala zoológica. Los animales atacados actúan no menos en la misma forma ya que intentan defenderse y sus esfuerzos para sobrevivir crean nuevas reacciones y nuevos me-

155

canismos que pertenecen ya más bien al instinto de la defensa.

La defensa asume dos formas fundamentales: la pasiva y la activa. La primera puede consistir en una simple fuga con la que el animal burla a su perseguidor refugiándose en un escondite proporcionado por la naturaleza (los anfibios que se sumergen en el agua, los trepadores que se suben a los árboles, los insectos y los arácnidos que se ocultan debajo de las piedras), o fabricado por el animal mismo (cuevas, madrigueras). Pero cuando el animal no huye, no le queda más remedio que adaptarse a un medio del que no escapa. Esta tendencia a la adaptación (una adaptación tan perfecta que confunde animal y medio y los identifica) se llama mimetismo y consiste en la facultad de adquirir el aspecto y color de los objetos de los cuales el animal está rodeado. El mimetismo obedece en ocasiones a un mecanismo hormonal (como en el caso de ciertos peces que cambian de color y se hacen más claros o más oscuros según el color y la claridad u oscuridad del agua en la que viven, por un movimiento reflejo que se inicia en la retina y va a excitar la secreción de adrenalina, que contrae unas células llamadas cromatóforos que aclaran la piel del animal, que es oscurecida cuando la sustancia segregada es un producto de la hipófisis posterior) o bien a una actividad como la de algunos animales que se cubren el cuerpo con restos de plantas para disimularlo. El animal acosado tiene otras maneras de burlar a su enemigo. Estas maneras son, por ejemplo, la inmovilidad, la autotomía (en la que se sacrifica una parte del propio cuerpo. Este fenómeno se observa preferentemente en un gran número de invertebrados y en algunos reptiles. Es típico el caso del cangrejo, el cual al sentirse perseguido se desprende de una de sus patas; si el peligro persiste se le puede obligar a que se las ampute progresivamente todas. Muere así pero no por una acción voluntaria, pues la autotomía es un reflejo que se produce necesariamente si se produce la condición que lo desencadena), la secreción de olores desagradables o de sustancias venenosas. En este último caso ya no puede hablarse estrictamente de una medida de defensa pasiva sino más bien de una defensa activa, orden dentro del cual se coloca también la actitud adoptada por ciertos animales para infundir pavor a sus enemigos (como el gato, que arquea el lomo, se eriza, resopla; el perro, que gruñe, ladra y muestra los dientes; ciertas serpientes no ponzoñosas de la India, que inflan su cuello para parecerse a las cobras), actitud que fácilmente degenera en instinto ya no defensivo sino batallador y sanguinario.

Los instintos que antes hemos enumerado aseguran la vida del individuo y la defienden. La vida de la especie está asegurada por el instinto genésico que en las hembras se prolonga en el instinto maternal. Ambos aparecen en los animales íntima e inseparablemente ligados al funcionamiento glandular que rige estas actividades. Dicho funcionamiento está sujeto a una periodicidad variable en las diferentes especies, lo que hace posible dividirlas según si los fenómenos cíclicos se presentan continua o estacionalmente. Pero en todas las especies coincide sin embargo el hecho de que el instinto genésico, diferente en este dato a los demás instintos, aparece tardíamente, dura cierto tiempo y vuelve a desaparecer. La evolución sexual, todas sus manifestaciones, todas sus anomalías, están sometidas a las sustancias químicas que elaboran las diversas glándulas endócrinas, que a su vez pueden ser alteradas por circunstancias externas, particularmente la dieta. Lo mismo sucede con el instinto maternal cuya duración es también breve y, mientras dura, dependiente de fenómenos químicos. (Es muy revelador en este aspecto el experimento llevado a cabo por Mc Collum y Orent, quienes indujeron a un grupo de ratas a un régimen alimenticio que no contenía manganeso. Los animales soportaron esto perfectamente, fueron capaces de concebir y dieron a luz crías vivas. Pero el instinto maternal estaba en ellas suprimido; las ratas no hicieron ningún preparativo para acoger a sus hijos ni se ocuparon de ellos una vez que habían nacido. Los recién nacidos murieron de hambre porque a las madres no se les ocurrió alimentarlos. Bastó agregar al régimen dietético una pequeña dosis de manganeso para que el instinto maternal apareciera y se desarrollara en todo su vigor. Se cree que la explicación de esto radica en que el manganeso ejerce su acción sobre la formación de hormonas hipofisiarias. Pero, sin necesidad de experimentos, en situación normal, la duración del instinto maternal es limitada y se conecta con las secreciones ováricas. Mientras la secreción de la foliculina es inhibida o restringida por la luteína del cuerpo amarillo persiste el instinto maternal. Cuando la concentración de foliculina alcanza los valores habituales, la hembra se desentiende de sus hijos e inclusive los rechaza brutalmente. Casi siempre este rechazo llega cuando el hijo en realidad ya no necesita de los auxilios maternales para mantenerse. Pero si el hijo, por una circunstancia cualquiera, no es todavía autosuficiente, esto no es obstáculo para que la madre cese sus cuidados. Solamente en la especie humana ocurre que la madre experimenta por sus hijos un afecto y un cuidado incesantes.)

159

La escasa duración del instinto maternal hace imposible entre los animales la constitución de una familia pero no obstaculiza la formación de las sociedades. Aunque existen animales que no se agrupan con otros, por lo menos de manera permanente, no los hay que vivan en aislamiento absoluto. (El instinto genésico efectuaría forzosamente aproximaciones aun cuando éstas fueran muy fugaces.) Pero por lo general los animales se asocian, y existen distintos tipos de asociaciones: desde el simple parasitismo en el que un animal se une a otro para aprovecharse de él sin que el explotado pueda hacer nada por evitarlo, hasta la simbiosis, en donde el aprovechamiento es recíproco. Este principio de la utilidad rige desde estas uniones rudimentarias hasta las más complicadas en organización y abundantes en cuanto al número de sus componentes, como son las asociaciones de las hormigas y las abejas. El fin de las sociedades es defenderse mejor de los enemigos, atacarlos con mayores probabilidades de éxito, favorecer la búsqueda del alimento y gozar las circunstancias propicias o emprender la búsqueda de éstas, como sucede en el caso de las migraciones que siempre se hacen en grupo, sin tentativas previas, en las mismas épocas y siguiendo rutas determinadas ya por los antecesores. Las migraciones son, según todas estas características, actos típicamente instintivos, tendientes a situar a la especie cerca de los alimentos que le son imprescindibles y en un clima benévolo. Pero cuando estas condiciones se cumplen en el lugar en el que el animal se encuentra, el instinto migratorio desaparece. (Por ejemplo, las palomas en las ciudades son alimentadas por los hombres y por este motivo desdeñan un viaje que sus congéneres menos afortunadas se ven todavía obligadas a emprender.) Lo que prueba que el instinto no es tan rígido ni tan mecánico como ha querido creerse, sino que es susceptible de modificarse de acuerdo con las circunstancias y para responder adecuadamente a ellas y aun de desaparecer cuando resulta superfluo. Pero esta flexibilidad que ya se insinúa, aunque tan precariamente, en los actos instintivos, alcanza su plenitud sólo en los actos intelectuales.

Cuando el sujeto se encuentra en una situación inesperada, novedosa, a la que no se ha enfrentado ninguno de sus antepasados ni ha sido resuelta de antemano por una conducta que pueda constituirse en un ejemplo a seguir, no hace uso de su instinto, en primer lugar porque no puede, ya que el instinto es una especie de reflejo condicionado que no se produce sin la condición previa, y porque, aun en el caso de que pudiera producirse con ausencia de esa condición, sería una respuesta equivocada, es decir, un fracaso. La respuesta correcta, individual, inmediata, no derivada de ensayos anteriores ni repetida monótonamente en nuevos ensayos sino siempre nueva, imprevista (como la situación), emana de la inteligencia.[5] Es, por lo tanto, un acto intelectual. No quiere decir esto que entre el instinto y el intelecto haya un abismo insalvable, una diferencia imposible de conciliar. Al contrario, se advierten puntos de contacto y de coincidencia que se rompen después para dar paso al establecimiento de una divergencia radical. Así, tanto en el instinto como en la inteligencia hay una orientación a un fin que consiste en la satisfacción de una necesidad. Lo que cambia del instinto a la inteligencia es la manera de satisfacerla. Supongamos a un animal dirigiéndose a tomar su alimento. Es un cuervo que bebe el agua en un recipiente de cuello no muy amplio, lo que le impide acercarse al líquido con entera facilidad. Ordinariamente el recipiente está lleno. El cuervo, para saciarse, tiene más que inclinarse un poco, poner en juego una serie de movimientos musculares automáticos. Allí no trabaja más que el instinto. Pero en una ocasión llega y se encuentra con que el nivel del recipien-

[5] Esta definición de inteligencia es la que da Max Scheler en la obra que hemos venido citando: *El puesto del hombre en el cosmos.*

162

te es anormalmente bajo y por más que se esfuerce ejecutando sus movimientos habituales no alcanza el agua. He aquí un obstáculo con el que no contaba y para cuya superación el instinto resulta insuficiente. Interviene entonces la inteligencia. El cuervo arroja piedras al recipiente para elevar el nivel del agua hasta un punto en el que le sea accesible. Este ejemplo (clásico, citado ya con asombro por Plutarco)[6] no es el único ni es extraordinario. La inteligencia auxilia, complementa al instinto y lo supera. Es particularmente eficaz para los instintos de la defensa y el ataque donde se desarrolla en formas más complejas como son la acechanza de los adversarios, su persecución, la elección del momento oportuno para atacarlos, la colocación de centinelas para denunciarlos, etc. La inteligencia que no repite sino que inventa, que no toma sino crea, que efectúa nuevas y más difíciles síntesis, se da en animales que han sobrepasado ya cierto grado de evolución y revela en ellos un poder de discernimiento aplicado a las cosas, un descubrimiento en ellas de relaciones no evidentes (como la de la causa y el efecto, principalmente) y una utilización de ese saber. La inteligencia opera en un mundo más amplio,

[6] Ejemplo consignado por Henri Roger en su obra citada en la nota 4.

más variado, más rico que el mundo en el que opera el instinto. El animal que la posee y la ejercita tiene sobre ese mundo un dominio mayor y una existencia menos vulnerable y sobresaltada.

Una de las características primordiales de la inteligencia es la capacidad de abstracción que separa un objeto de los demás que lo rodean. Equivale esto a una concentración de la atención con el consiguiente desentendimiento de los objetos que no son atendidos. La abstracción es, pues, una de las formas del interés y el sujeto inteligente la efectúa partiendo hacia objetos que son los que sus necesidades codician. Es una manera primitiva del pensamiento y requiere menos esfuerzo que el de colocar al objeto dentro del círculo de todos los demás y considerarlo unido a los otros por relaciones que no son ya las causales inmediatamente útiles. Pero cuando la abstracción no se dirige ya a los objetos movida única y estrictamente por el interés sino por un afán contemplativo que no es el utilitario del que hemos venido hablando sino de un interés de otro orden y puede inclusive volverse hacia el sujeto mismo y éste hacer a un lado su peculiar condición subjetiva y considerarse como un objeto entre objetos, no nos estamos refiriendo ya a un atributo de la inteligencia sino a una cualidad del espíritu.

El sujeto, aun el más primitivo, tiene una noción más o menos vaga o clara de sí mismo, noción que se va integrando desde dentro, partiendo de los procesos internos. Pero el sujeto espiritual agrega a esta noción rudimentaria y parcial una visión desde fuera en la que se mira a sí mismo despojado de la extraordinaria importancia que ante sus propios ojos le conferían sus sensaciones, como una cosa entre cosas, cercada por sus límites, colocada en el tiempo, destinada al acabamiento y a la muerte. Esta conciencia de la limitación, de la temporalidad y de la muerte, es privativa del espíritu. El animal, que interpreta el mundo con base en datos sensoriales, lo recibe como olor, color, sabor, tacto, imagen, algo que empieza en lo que su mano toca y termina con lo que su vista o su oreja alcanzan. No puede juzgar al árbol sino por sus frutos ni calificar los frutos más que por su apetito. Su conocimiento del espacio lo obtiene de su ubicación cercana o lejana con respecto de los objetos que le rodean y de los cuales se sirve. Vive, irreflexivamente, en una sucesión de momentos, cada uno teñido por una afección distinta pero que no se deriva de la que le precede ni fundamenta a la que le sigue. (La memoria del animal es meramente asociativa, un reflejo condicionado que actúa por motivos utilitarios.) Fluye como el tiempo, no navega en él. Su nivel no es más alto que el de sus circunstancias. El animal más evolucionado es el que tiene unas circunstancias más amplias y el que se mueve dentro de ellas con mayor soltura y seguridad. Su progreso se mide por la extensión de su alrededor, no por su elevación por encima de él. Esta elevación es privilegio del espíritu.

Sin embargo el espíritu, a pesar de sus diferencias con el instinto y con el intelecto, es, como ellos, además de una forma de conocimiento, un modo de conducta y, como en ellos, esta forma de conocimiento y este modo de conducta están al servicio de la vida. Si el espíritu, considerado como forma de conocimiento, es la conciencia de la limitación, la temporalidad y la muerte, el espíritu, considerado como modo de conducta, es un intento de superación de estos obstáculos. La limitación advertida también como aislamiento y como soledad es combatida por un ansia comunicativa y expansiva que pone en contacto al ser espiritual con los otros seres, un contacto que puede ser de índole cognoscitiva (conocer es dejar de ser uno mismo para ser las cosas que se conocen) o afectiva, otra manera de identificarse con lo que está más allá de uno mismo. A esta pretensión de ubicuidad espacial corresponde otra en el tiempo. Bergson ha dicho[7] que la característica fundamental y primaria del espíritu es la memoria. La memoria representa la abolición de la barrera temporal más inmediata. Conservar el pasado y mantenerlo vivo, disponible constantemente, actuando a nuestra voluntad, es elastificar nuestro sentido del tiempo más allá del presente, es infundir coherencia a nuestro desenvolvimiento, a nuestro desarrollo. Pero es también, y acaso más que ninguna otra cosa, el primer rescate que pagamos a la forma más elemental de la muerte: el olvido.

La supervivencia del pasado en el presente se complementa con la proyección del presente hacia el futuro, lo que equivale, para el ser espiritual que lo hace, a vivir no como el instintivo en un *hic et nunc* seguro, sino en un azaroso mañana compuesto de esperanza y temor que es, a la vez, acicate y freno pero cuyo planeamiento no eludimos. El espíritu es un arco tendido hacia el futuro. Vivir espiritualmente es vivir en esta tensión. Pero apuntar hacia el futuro como lo hace el espíritu y hurgar en él es descubrir la muerte. Deberá ser también tratar de evitarla.

No será una sorpresa, después de haber definido

[7] En *Materia y memoria (Ensayo sobre la relación del cuerpo con el espíritu)*, traducción de Martín Navarro, imprenta de Victoriano Suárez, Madrid, 1900.

como lo hicimos, la cultura y los valores, decir que es hacia ellos hacia donde se orienta el espíritu para salvarse y que es aquélla el fruto de su tentativa de salvación. La eternidad, el único clima donde el espíritu puede florecer y tornarse fecundo, la encuentra solamente en los valores y la imita imperfectamente en la cultura.

No hemos querido decir con esto que en todo ser espiritual se realice esa conciencia de sí mismo y esa actividad específica tendiente a eternizarse. El espíritu es una potencia susceptible de desarrollarse logrando su plenitud. Pero es un acto que no puede llevarse a cabo. El espíritu genial es aquel en quien concurren al mismo tiempo una mayor claridad de percepción y, como decía Weininger,[8] una necesidad mayor de inmortalidad. Pero también la capacidad para lograr esa inmortalidad, la disposición para realizar las formas de la cultura y captar los valores. Las condiciones de la genialidad, es decir, de la espiritualidad máxima, son tales que resulta muy difícil hallarlas reunidas y, consecuentemente, los genios son muy escasos. Abundan mucho más los otros seres con la visión opaca y estrecha, el anhelo de subsistir, no de sobrevivir. Abundan mucho más

[8] En *Sexo y carácter,* ficha bibliográfica consignada en la nota 3 del capítulo I.

aquellos en quienes predomina sobre la actividad estrictamente espiritual la actividad inteligente o la instintiva. Porque el hecho de que aparezca una forma de conocimiento y de conducta superior a otra no implica que la inferior desaparezca. El ser inteligente no pierde, por el hecho de serlo, sus instintos, pero la eficacia de éstos se atenúa en razón directa de la predominancia de aquélla. Los instintos a los que se ha agregado la inteligencia son menos exactos, menos infalibles. El haz de automatismos, que dijera Gide,[9] se disocia con mayor facilidad. Podría explicarse este fenómeno diciendo que los instintos son utilizados menos frecuentemente. Pero aparte de eso no hay nunca un verdadero equilibrio entre los diferentes atributos de los seres vivos, sino más bien se observa que al crecimiento de uno de ellos corresponde, por lo general, la disminución del otro, o más bien, para ser más coherentes con nuestras ideas anteriores, de la disminución de uno de ellos se sigue el crecimiento del otro. (Por ejemplo en el hombre la debilidad de sus músculos, la pequeñez de su tamaño comparativamente al de otros animales, la torpeza de sus sentidos, en especial el del olfato, infinitamente menos desarrollado que el del perro, *verbi gratia,* está

[9] André Gide, *Corydón,* traducción de Julio Gómez de la Serna, sin pie de imprenta, México, 1946.

compensado con creces por la finura de su inteligencia.) La aparición de las formas superiores de conocimiento y conducta (es decir, la aparición del espíritu sobre la inteligencia, de la inteligencia sobre el instinto y del instinto sobre la sensibilidad) no es un lujo, un despliegue de energía inútil, un adorno superfluo. Por el contrario, es una medida necesaria y que sólo se toma cuando las formas inmediatamente inferiores resultan insuficientes o inadecuadas para el mantenimiento de la vida en los seres a los cuales sirven. (La naturaleza es más que la madre pródiga de senos inagotables que nos han acostumbrado a ver algunos de sus admiradores deslumbrados por la variedad de sus creaturas, la madrastra severa cuando no cruel. La naturaleza, como dice Kierkegaard,[10] no ama la superfluidad sin sentido. No cede sino cuando ya es indispensable. Y cede, simplemente, no se excede.) La necesidad crea así la función y la función al órgano.

[Aparte de] las relaciones entre las formas inferiores que se conservan y las superiores que aparecen sobre éstas, existe un tipo de relaciones regidas por la ley de las fuerzas que enunciamos ya al hablar de la cul-

[10] Sören Kierkegaard, *El concepto de la angustia,* sin consignación de traductor, 3ª edición de la Colección Austral, Espasa-Calpe Argentina, Buenos Aires, 1946.

tura y según la cual toda forma más alta depende de la más baja y no a la inversa. Porque "lo superior es originariamente lo más débil y lo inferior lo más fuerte. Lo más alto, abandonado a sí mismo, es impotente".[11] Para fortalecerse y actuar le es preciso sumergirse en lo más bajo, crear raíces que se enrosquen en la tierra y que absorban sus jugos vivificantes. Así el espíritu —lo alado, lo intangible, lo ingrávido— se apoya en la solidez del instinto, de la sensibilidad. Sin ellos, que muchos consideran un estorboso lastre, no le sería posible actuar, de la misma manera que la paloma de Kant se desplomaría en una atmósfera que no ofreciera ninguna resistencia pero tampoco ningún apoyo. El espíritu es capaz de reprimir los impulsos, de negar satisfacción a los instintos "rehusándoles el pábulo de las imágenes perceptivas y de las representaciones",[12] como un dique impide el paso libre de las aguas para acrecentar su energía y canalizarla posteriormente hacia sus propios fines. El espíritu puede encadenar las fuerzas inferiores o desviarlas (y no siempre sus intentos tienen éxito, sino que más bien éste es raro y difícil) pero no puede dejar de contar con ellas. Si quiere actuar desentendiéndose de su ayuda se pone, como dice Scheler,

[11] Max Scheler, obra citada.
[12] Max Scheler, obra citada.

irremediablemente en ridículo. La figura aquella platónica del auriga y los caballos es aquí significativa. El espíritu se asemeja más al cochero que lleva las riendas, que espolea y que enfrena, que a los corceles pujantes y briosos.

Por último, la aparición de las formas superiores de conocimiento y de conducta es paralela y está condicionada por la aparición de aparatos y sistemas en el cuerpo del ser vivo. El viejo problema de las relaciones entre la materia y el alma ha perdido su importancia y su razón de ser. La solución cartesiana de dos elementos fundamentalmente distintos y sin el menor punto de contacto era tentadora por su simplicidad, pero, además de conducir a un callejón sin más salida que la intervención de un *deux ex machina* que pusiera de acuerdo de una vez por todas o continuamente la marcha de dos mecanismos cuya sincronización perfecta de otra manera parecía inexplicable, era falsa. En la actualidad, con el auxilio de la experimentación y el laboratorio, se ha comprobado ya irrefutablemente la interacción de ambos elementos, sus conexiones íntimas, su entrañable entremezclamiento. El espíritu encarna en el cuerpo, se expresa al través de él. No se alberga en una sola de sus regiones, no en un grupo especial de células sino en todas ellas. Se considera preferentemente al cerebro como vehículo de las intenciones espirituales, se le supone tradicionalmente como el asiento de las funciones del espíritu porque el cerebro es el órgano más delicado y perfecto de cuantos le sirven al ser vivo para el conocimiento y la acción, de cuantos lo relacionan con el mundo. Pero el cerebro no está colocado aparte de los demás órganos ni compuesto exclusivamente de materia nerviosa. Está formado también de fluidos en los cuales sus células se sumergen y cuya composición está regulada por el suero sanguíneo. Y el suero sanguíneo arrastra las secreciones de glándulas y tejidos que se difunden al través de todo el cuerpo. Todo órgano, dice Carrel,[13] se halla presente en la corteza cerebral por medio de la sangre y de la linfa. El espíritu, al servirse del cerebro, hace instrumento suyo todo el cuerpo. Y si decimos cuerpo decimos sexo, cuerpo de mujer, cuerpo de hombre. Es lícito pues hablar, según el instrumento que utiliza, de un espíritu masculino y un espíritu femenino.

[13] Alexis Carrel, *La incógnita del hombre,* sin consignación de traductor, Editorial Victoria, Montevideo, Uruguay, sin fecha de edición.

VI. EL ESPÍRITU FEMENINO

CUANDO definimos el espíritu como una conciencia de la limitación, la temporalidad y la muerte, como una actividad salvadora orientada hacia los valores y plasmada en la cultura hablamos, casi sin excepciones, de espíritus masculinos. Una revisión a la historia no nos deja dudas acerca de esto. Ha sido el espíritu realizándose al través de cuerpos de hombres, ha sido el espíritu masculino quien lo ha hecho todo o casi todo. El hombre (y esta afirmación es un axioma que no necesita demostrarse) es el rey de la creación. Sobre sus hombros está su cabeza que, a juzgar por la cantidad y la solidez de sus contenidos, debe pesarle tanto como el mundo. Él es quien inventa los aparatos para dominar a la naturaleza y para hacer el tránsito humano sobre la tierra más cómodo, más fácil, más agradable. Él es quien lleva a cabo las empresas comerciales, las conquistas, las exploraciones y las guerras. Él es quien dice los discursos, organiza la política y dicta las leyes. Él es quien escribe los libros y quien los lee, quien modela las estatuas y el que las admira. Él descubre las verdades y las cree y las expresa. Es el que tiene los medios de comunicación con Dios, el que oficia en sus altares, el que interpreta la voluntad divina y el que la ejecuta. Él es el que diseña los vestidos que usarán las mujeres y el que aprueba el diseño de los vestidos. Él es... y no vamos a caer en el lamentable lugar común de los feministas de suplir el presente del verbo por un pretérito tan optimista como falso. Repitamos con mayor énfasis y con una sencillez que abarque todas las actividades del hombre: él es. Todo lo demás está sujeto a su dominio y depende de su habilidad: las cosas, los animales, las mujeres.

A propósito de las mujeres (ya casi nos habíamos olvidado de ellas en este cuadro en el que la primera figura destaca de manera tan absoluta), son, al lado de tan luminoso ejemplar como el que hemos señalado anteriormente, una humilde sombra. Su debilidad y su tontería están compensadas por cualidades de otro orden que los hedonistas saben apreciar. Expulsadas del mundo de la cultura, como Eva del paraíso, no tienen más recurso que portarse bien, es decir, ser insignificantes y pacientes, esconder las uñas como los gatos. Con esto probablemente no vayan al cielo, y además no importa, pero irán al matrimonio que es un cielo más efectivo e inmediato. Conseguirán que un hombre las ampare y las valga en la doble acepción castiza y weiningeriana. Un hombre que trabaje por ellas, que piense por ellas y que se sienta superior a ellas. El hombre y la mujer formarán una pareja, un hogar, una familia. Si la mujer tiene disposiciones culinarias hará engordar al hombre que la ha desposado y engordará ella misma. Adquirirá muy pronto un aire de satisfacción y lo contagiará a su cónyuge, quien a esas alturas estará perfectamente domesticado y convencido de que cualquiera inquietud que no gire dentro de este círculo familiar (inquietud que alimentó furiosamente durante su adolescencia ante la decidida reprobación paternal, inquietud que reprueba hoy con idéntica energía en la adolescencia de sus hijos) es deleznable o peligrosa. (Cada mujer es, antes del matrimonio, una Circe en potencia. Y después de casada una Circe en plenitud. Y cada hombre soltero es un candidato a víctima de Circe. Y casado, un candidato metamorfoseado en... víctima.) Y sin embargo en este hogar se utilizarán aparatos que inventaron hombres con inquietudes deleznables y peligrosas; leerán libros que escribieron hombres que fueron inhábiles para los negocios; oirán música compuesta por hombres que no acertaron nunca con la clave de las relaciones humanas y que desdeñaron los lazos familiares. En suma, la confortabilidad y los seguros y fáciles placeres de este pequeño mundo que es un hogar, estarán en gran parte condicionados y garantizados por ese otro mundo "lleno de varones solos" que dijera el poeta.[1] Al aludir a estos varones solos estamos, entre los innumerables pasos que van "del cretino al genio",[2] más próximos de éste que de aquél. Él es el ser, en quien las características espirituales se exacerban y se agudizan, el que tiene la conciencia más clara de su ser y del ser del universo y subordina su conducta a esa conciencia. Al subordinarla se desliga, hasta donde esto es posible, de la realidad ambiente y de sus urgencias para abarcar una realidad más amplia y más verdadera. Si ser un hombre común y corriente ya requiere una actitud ascética de renunciamiento, aunque no sea más que para lograr otras satisfacciones tan egoístas y mezquinas como las que se rechazan, pero más duraderas que ellas (porque elegir algo es sobre todo renunciar a lo que no es ese algo), ser un genio, esto es, tener la necesidad más intensa de perdurabilidad,

[1] José Moreno Villa. El poema al que aquí se alude se llama "Soledad" y se encuentra en la *Antología moderna en lengua española "Laurel"*, Laberinto, Editorial Séneca, impresa en los Talleres Gráficos "Cultura", en la ciudad de México, 1941.

[2] Título de un libro de Sergio Voronoff, traducción de Pablo Simón para la Colección Scientia, Editorial Poseidón, Buenos Aires, 1943.

exige un sacrificio de todos los demás bienes a éste que se considera supremo. El genio no es sólo el que intuye desde un punto de vista más comprensivo sino el que además pone su voluntad al servicio de sus intuiciones. Los velos del misterio no se rasgan para los indolentes o para los que se sumergen tranquilamente en las circunstancias y chapotean en ellas como los cerdos en su charco. La primera disposición genial es la inconformidad, la sensación de que lo que uno tiene y lo que uno es, no es lo mejor, y desear lo mejor apasionadamente. La búsqueda de eso que no se sabe aún con exactitud en qué consiste pero cuya nostalgia se experimenta como un implacable y doloroso aguijón, precisa una extraordinaria energía de la que no se puede echar mano si se gasta en otras actividades, si se dirige a otros fines. Es absteniéndose como la fuerza se almacena y es el almacenamiento de fuerza lo que hace posible la realización de los propósitos del genio. Freud lo reconoce así cuando habla de la sublimación de los instintos como base productora de cultura.

El hombre común y corriente no se echa a cuestas tan duras tareas. Sus expediciones apenas si se alejan de la tierra firme y no le es difícil, para hacerlas, encontrar compañera. Pero el genio, en cambio, es un solitario. Parece que se situara a tal altura que los débiles pulmones femeninos no pudieran respirar ese aire enrarecido. Algunas han querido escalar las cimas y nos han dejado el testimonio de su jadeo y de su asfixia. No es el clima propicio para ellas. Por eso siempre resulta un ligero desequilibrio de la comparación establecida entre un Beethoven, por ejemplo, y una Cecilia Chaminade, un Miguel Ángel y una Mme. Isabel Vigee-Lebrún, un Shakespeare y un Jorge Sand.

Pero ¿de dónde nace esta desproporción? ¿Es que las mujeres carecen de espíritu, que su cuerpo no está dotado de los instrumentos indispensables al través de los cuales puede efectuarse el conocimiento y la acción específicos de los humanos? ¿No hay en ella ninguna manifestación espiritual? ¿Es correcto considerarla como el eslabón perdido entre el mono y el hombre, que se levanta sobre el primero y que sólo prepara al segundo pero no lo iguala? ¿No sufre esa necesidad de eternidad que atormenta a los hombres y los impulsa a crear?

Hasta aquí hemos coincidido con los detractores del género femenino, hemos estado de acuerdo con Schopenhauer, Weininger y Nietzsche. Pero no nos basta declarar como ellos la incapacidad de la mujer para las labores culturales y cruzarnos, impávidas, de brazos. Debe de haber algo que justifique esta actitud

179

o por lo menos que la explique. Algo más hondo, fundamental en el ser femenino. Y queremos llegar a eso que sería la raíz misma de la cuestión.

La incapacidad o la poca inclinación de la mujer por la cultura puede derivar de dos causas: o bien de la falta de percepción de sus límites y de su condición temporal y mortal, o bien de la falta de medios para la superación de esos límites y condiciones.

Examinando la primera hipótesis la declaramos falsa. ¿Por qué la mujer no había de advertir su limitación ni, una vez advertida, no había de sentirse afectada por ella ni a tratar de ensancharla, cuando está dotada, para el conocimiento y la conducta, de un sistema nervioso tan complejo y completo como el del hombre, de un cerebro tan desarrollado como el del hombre? Nada hay en ella que se oponga a la aparición y al florecimiento de la conciencia de la muerte y nada puede inducirnos a creer que la vida no le parece digna de conservarse. Al contrario, las mujeres se apegan a la vida muchísimo más que cualquier hombre. Una prueba es que en aquellas sociedades donde las mujeres han predominado, en los regímenes matriarcales la fuga ante el enemigo y ante la posibilidad de una muerte segura no era considerada como vergonzosa y la valentía dejaba su lugar al instinto natural de conservación. Otra, las mujeres raras veces inmolan su existencia individual en los altares, sea el que se quiera el ídolo que allí se adore. Ifigenia es siempre sacrificada por su padre.

Examinando la segunda hipótesis la declaramos también falsa. La mujer, se dice, es insensible a los valores, no puede captarlos. ¿Y por qué? ¿No se captan los valores por medio de una intuición emocional? ¿No es la intuición el modo de conocimiento peculiar de las mujeres? El que las mujeres no se sientan atraídas hacia los valores no quiere decir que no reconozcan en ellos los conferidores de la eternidad. Quiere decir que como medios para lograr la eternidad no les interesan y no les interesan precisamente porque las mujeres tienen a su alcance un modo de perpetuación mucho más simple, más directo, más fácil que el de las creaciones culturales al que recurre el hombre. Este modo de perpetuación es la maternidad. La mujer, en vez de escribir libros, de investigar verdades, de hacer estatuas, tiene hijos. Se dirá que también los tienen las hembras de las especies animales inferiores. Pero en ellas ya hemos visto que es un instinto rígido, periódico y fugaz. Algo a lo que el individuo se somete porque no puede hacer otra cosa, sumisión total mientras es forzosa y de la que, una vez levantada la forzocidad, no se reconocen siquiera los frutos. En la mujer la mater-

181

nidad es un sentimiento no sólo consciente sino también libre al que se puede dar curso o evitar. Se dirá ahora que los hombres también tienen hijos y que la paternidad es para ellos también un sentimiento consciente, libre, y que sin embargo no se conforman con ella, con lo que el problema sigue en pie. Merece la pena detenerse un momento ante este argumento.

Es cierto que los hombres colaboran en el proceso de la maternidad y que, por lo menos durante algunos años más, seguirán siendo indispensables para que este proceso se efectúe. Pero su colaboración no sólo ha sido mal apreciada durante siglos sino hasta desconocida y negada. La causa de la maternidad fue, durante un tiempo muy largo, misterio. Se atribuía a mil orígenes caprichosos y diferentes: arroyos a los que las mujeres iban a bañarse, bosques por los que atravesaban, comunicaciones secretas con los demonios o con los dioses. La mentalidad primitiva se alimentaba de leyendas que hoy nos parecen disparatadas pero que seguimos inculcando a los niños cuando su curiosidad se orienta hacia el fenómeno de la generación. Fue hasta ya avanzada la historia cuando se estableció la relación entre el comercio sexual y la fecundidad de la mujer. Pero aun entonces la promiscuidad hacía imposible la atribución de un hijo a un padre determinado

y a los árboles genealógicos se ascendía sólo por ramas
maternales. Y después, cuando la promiscuidad también desapareció y empezó a heredarse el apellido paterno, no por eso se hizo más fuerte la línea de unión
entre el padre y el hijo. Un hombre puede suponer, ba-
sándose en una multiplicidad de datos, que el hijo que
su mujer ha parido tiene un noventa y nueve por ciento de probabilidades de ser también suyo. Pero aun
cuando el índice de probabilidades ascendiera hasta el
cien por ciento la identificación del hijo y del padre
continuaría siendo mediata. Lo reconoce así y lo expresa James Joyce en su novela *Ulises:* "La paternidad,
en el sentido del engendramiento consciente, es desconocida para el hombre. *Amor matris,* genitivo, subjetivo y objetivo, puede ser lo único cierto de esta vida. La
paternidad puede ser una ficción legal. ¿Quién es el padre de hijo alguno que hijo alguno deba amarlo o él a
hijo alguno?"[3] ¿Y cómo no ser mediata la identificación entre el hijo y el padre? Éste no lo ha llevado durante meses en su seno. No lo ha sentido crecer dentro
de sí mismo, invadir su cuerpo, modificarlo, trastor-
narlo. No ha sufrido los dolores del parto ni lo ha alimentado de su leche. No tiene, no puede tener la evi-

---

[3] James Joyce, *Ulises,* traducción de J. Salas Subirats, 1ª edición bajo la dirección de Max Dickmann, Santiago Rueda, Editor, Buenos Aires, 1945.

dencia desgarradora, absoluta, de que el hijo es suyo. No siente, no puede sentir, de manera tan directa, tan total y tan plena, que el cuerpo de su hijo es una continuación de su propio cuerpo, que la sangre de su hijo prolonga su propia sangre, que la vida de su hijo renueva su propia vida. ¿Qué necesidad de supervivencia y de eternidad no queda con esto sobremanera saciada? ¿No resultaría no sólo superfluo sino hasta absurdo que quien, como las mujeres, tiene a su alcance esta sólida, palpable satisfacción, la deseche para buscar sombras y fantasmas de ella? Por eso la mujer mira todos los esfuerzos del hombre en busca de la eternidad, con la misma mirada de condescendencia burlona que tiene para las inofensivas travesuras de los niños. Por eso considera todas las preocupaciones trascendentales del hombre tan insignificantes como un pasatiempo que ella ni comprende, ni comparte, ni precisa.

Freud y todos los psicólogos posteriores que recogieron su antorcha, han hablado mucho de la envidia de la mujer por los órganos de la virilidad y han derivado de esta envidia sentimientos de inferioridad, complejos sumergidos y muchas otras consecuencias más.[4]

---

[4] Lo que para Freud y sus más incondicionales seguidores era una envidia somática, nacida de la constitución misma del sujeto, en otros como F. Oliver Brachfeld (*Los complejos de inferioridad de la mujer. Introducción a*

Y ha sido del seno mismo de los psicoanalistas de donde ha surgido alguien (Karen Horney)[5] quien empleando las mismas armas (el punto de partida, el método, la terminología) ha diseccionado la envidia masculina por la maternidad, envidia que tiene manifestaciones tan claras que es imposible confundirlas o desconocerlas. La más evidente es la covada,[6] costumbre que se

la psicología femenina, editado por la Sociedad Anónima Horta, Impresiones y Ediciones, Barcelona, España, 1949). Son sentimientos emanados de una conciencia social en la que predomina el principio masculino, el cual "obnubilado por su propio racionalismo antivital" desdeña a la mujer y la "inferioriza". Así, los que hasta ahora han venido considerándose como rasgos distintivos del carácter femenino (la hipocresía, la mentira, el mimetismo en relación con el ambiente, la gran consideración en la que se tiene la opinión ajena, etc.) no son los que la hacen ser inferior sino un resultado surgido de la idea o el sentimiento que la mujer tiene de su propia inferioridad. Estos rasgos no son específicamente femeninos sino extensivos a todo ser colocado en una situación de desventaja, de "minimización".

[5] "La envidia del pene que sufren las niñas pequeñas queda compensada en cuanto alcanza el umbral de la edad núbil pues su capacidad de ser madre representa una superioridad indiscutible sobre el varón. A su vez esta superioridad no podría dejar de suscitar una violenta envidia en los muchachos en cuya psicología llega a constituir un factor muy dinámico, siendo una de las fuerzas más importantes, si no la fuerza esencial, en su estructuración de valores culturales." Karen Horney, citada por F. Oliver Brachfeld en *Los complejos de inferioridad de la mujer,* ficha bibliográfica consignada en la nota 4.

[6] Costumbre descrita por Pablo Krische en su libro *El enigma del matriarcado,* traducción de Ramón de la Serna, Biblioteca Nuevos Hechos, Nuevas Ideas, Revista de Occidente, Madrid, 1930.

practica todavía hoy entre los caribes de Cayena, algunos pueblos del Chaco, los guaraníes del Brasil y los marañás de Colombia. Que se practicó en la antigüedad entre los corsos, los celtíberos y los cántabros. Y que persiste, muy evolucionada, casi inidentificable, entre los vascos y los habitantes de la Selva Negra alemana. Consiste esta costumbre en que la mujer, inmediatamente después de dar a luz, es desalojada del lecho por su marido quien se instala en él y recibe todos los cuidados que se le deben a una parturienta, muestra a los visitantes el niño acabado de nacer y los visitantes fingen creer que es él quien lo ha tenido. Este engaño no debe ser muy convincente sobre todo para quien lo fabrica, pero es, desde luego, el síntoma de un deseo que, no pudiendo ser cumplido en el terreno corporal, físico, se desplaza a otro.

Si la mujer es biológicamente superior[7] porque su cuerpo es más juvenil y plástico, más capaz de integración, regeneración y longevidad, es natural que sea lo mejor de ella lo que trate de perpetuar y sea en este ámbito donde logre sus propósitos. Y si el hombre tiene una superioridad intelectual innegable será en el campo intelectual donde luche por su supervivencia.

[7] *La superioridad biológica efectiva de la mujer. Su plusvalía biológica*, capítulo XII del libro de Brachfeld ya citado.

El origen del anhelo es idéntico en ambos: es en el sitio de sus batallas, en sus armas y en sus triunfos donde se diferencian y distinguen. Sin embargo, la identidad de las raíces se nos aparece patente. La similitud entre la gestación de una obra de cultura y la de un hijo ya la apuntan Nietzsche,[8] Simmel,[9] Unamuno[10] y muchos otros. La semejanza de actitud entre la madre y el genio la describe Bernard Shaw.[11] En los hombres

[8] "Para que el creador sea el hijo que renace es preciso que tenga voluntad de parir con los dolores de la madre." Nietzsche, *Así hablaba Zaratustra,* traducción de F. N. J., Editorial América, México, 1946.

[9] "Es el caso admirable que, aunque son pocas las mujeres propiamente geniales, sin embargo se ha observado con frecuencia que el genio tiene algo de feminidad. Sin duda se refiere esta semejanza no sólo a la creación de la obra, cuya inconsciente gestación, alimentada por la personalidad toda, guarda cierta analogía con el desarrollo del niño en el seno de la madre, sino también a la unidad apriorística de la vida y la idea, a esa unidad en que reside la esencia femenina y que el genio repite en su grado máximo y productivo." Georg Simmel, "Lo masculino y lo femenino. (Para una psicología de los sexos)", en su libro *Cultura femenina y otros ensayos,* ficha bibliográfica consignada en la nota 4 del capítulo I. Véase también la página 51 de ese mismo capítulo donde se encuentran reproducidas estas frases.

[10] "Los que no tenemos hijos nos reproducimos en nuestras obras que son nuestros hijos: en cada una de ellas va nuestro espíritu todo y el que la recibe nos recibe por entero." Miguel de Unamuno, *Amor y pedagogía,* Colección Austral, Espasa-Calpe Argentina, Buenos Aires, 1940.

[11] Bernard Shaw compara a la madre y al genio en su obra *Hombre y superhombre,* traducción de Julio Brouta, Editorial Americana, Buenos Aires, 1946.

de genio, dice, esto es, entre los hombres seleccionados por la naturaleza para efectuar la obra de construir una conciencia intelectual del propio propósito instintivo de ella, observamos toda la falta de escrúpulos y todo el sacrificio de sí mismo de la mujer. Ella por su parte cumple un propósito tan impersonal, tan irresistible como el otro. Ambos son sublimes altruistas en su desconsideración hacia sí mismos, atroces egoístas en su desconsideración hacia los demás. La mujer persigue al hombre, lo engaña con el señuelo de la belleza, de la felicidad, del placer, pero en el fondo trabaja por los hijos posibles y busca en el hombre no al ser humano sino al macho, no a la persona sino al padre. Procura apartar a su compañero de todo interés que gravite fuera de la órbita sexual y familiar porque quiere hacer de él el instrumento más adecuado para sus fines. (Los instrumentos suelen no tener personalidad ni independencia ni valor como no sea el que emana de su eficacia.) Esto, que para un kantiano como Weininger constituye la más grande inmoralidad, es a lo que confluye toda la actividad femenina, es a lo que tiende su educación. Todas las humillaciones se soportan, todas las condiciones se aceptan siempre que la mujer pueda, al través de ellas, convertirse en madre.

Oscar Wilde dijo en alguna ocasión[12] que una mujer es capaz de perdonarle cualquier cosa a un hombre, excepto su inteligencia. Si esta frase tiene algo verdadero es porque la intuición femenina le avisa que donde encuentre un hombre excesivamente inteligente (el término inteligencia está tomado aquí en el sentido habitual y corriente, no en el sentido especial que le conferimos en el capítulo anterior), con una clara conciencia de sí mismo, de su ser y de su misión, encontrará al mismo tiempo una resistencia hacia la paternidad o una ineptitud para ella, ya sea desde el punto de vista biológico o desde el económico. La mujer sabe que en el genio no tiene un aliado para su empresa sino un indiferente cuando no un enemigo. Sabe que el genio no es su complemento, sino, en cierto modo, su igual. Al uno y a la otra los anima la misma intención: perpetuar la vida. Pero son antitéticos respecto a su concepción de lo que debe perpetuarse y cómo y dónde. Para la mujer es una perpetuación del cuerpo en el tiempo. Para el hombre es una liberación de la "sorda pesadumbre de la carne",[13] y de las vicisitudes

---

[12] En *El retrato de Dorian Gray* (traducción de Theodore Folkers, Editorial Sopena Argentina, Buenos Aires, 1943). Probablemente también dice lo mismo en alguna de sus obras teatrales pues una de las ventajas de este escritor es que repite sus paradojas.

[13] Hablando de la inteligencia que se mantiene "así, rencor sañudo, una,

temporales. Es la ciudad terrena frente a la ciudad de Dios.

Los hombres, que desde épocas inmemoriales se han considerado a sí mismos los únicos servidores de la divinidad, han visto en la mujer un obstáculo, el más formidable quizá, para el cumplimiento de su misión y han hecho de ella, y del peligro que representa, casi un mito. Es la Eva por la que se pierden los más bellos paraísos; es la Dalila que corta los cabellos en los que reside la fuerza; es la Salomé que decapita las voces proféticas que claman en el desierto. Hay que luchar contra ella. En la lucha han recurrido a las más diversas armas. Desde el directo y elemental tizón encendido que blandiera Santo Tomás contra la seductora cortesana[14] hasta el hecho más sutil pero no menos eficiente de elaborar un sistema ético (el de Kant) que llevado a sus últimas consecuencias (como lo hizo Weininger) hace de la maternidad el pecado más monstruoso y de la madre un ser que está fuera de lo estrictamente huma-

exquisita, con su dios estéril, / sin alzar entre ambos / la sorda pesadumbre de la carne". José Gorostiza en su poema "Muerte sin fin", publicado por la *Antología de la poesía moderna en lengua española "Laurel"*, ficha bibliográfica consignada en la nota 1 de este mismo capítulo.

[14] Episodio narrado por Gilbert Keit Chesterton en su biografía de *Santo Tomás de Aquino*, 4ª edición, traducción de H. Muñoz, Colección Austral, Espasa-Calpe Argentina, Buenos Aires, 1942.

no, un lastre de animalidad que es necesario destruir. La tradición cristiana (que impone el celibato a sus sacerdotes, que les prohíbe engendrar) exalta y reverencia a la madre pero a condición de que sea virgen, es decir, que para la maternidad no haya recurrido al hombre, no lo haya arrastrado a servir sus fines propios, apartándolo de los fines específicamente masculinos. Esta lucha de sexos es, en la opinión de Schopenhauer,[15] el drama más grande, drama que se intensificará mientras más acusados estén en la mujer los rasgos maternales y en el hombre la vocación cultural.

[15] En *El amor, las mujeres y la muerte,* ficha bibliográfica consignada en la nota 2 del capítulo I.

VII. SOBRE CULTURA FEMENINA

LA CULTURA (el testimonio histórico es irrebatible) ha sido creada casi exclusivamente por hombres, por espíritus masculinos. Entre la imponente masa de nombres, arrastrada en un alud de datos, confundida, apenas perceptible, apenas notable grano de arena junto a una montaña, está la obra de la mujer, de unas cuantas mujeres que resaltan sobre todo por su rareza, el minúsculo "casi" que impide que la cultura haya sido creada exclusivamente por hombres, por espíritus masculinos. El hallazgo de sus nombres, el rescate de sus hechos, la posibilidad de distinguirlas entre la confusión nos llenarían de alborozo y de orgullo si hubiéramos encarado este problema como lo han hecho los feministas. Pero así, después de convencernos de que la cultura es un refugio de varones a quienes se les ha negado el don de la maternidad, después de exaltar la maternidad como un modo de creación y perpetuación tan lícito y tan eficaz como el otro, este "casi" no viene a alborozarnos ni a enorgullecernos sino a des-

192

concertarnos. ¿A qué vienen estas excepciones de la ley general que hemos postulado? Podría ser que a confirmarla.

Para ser congruentes proponemos la hipótesis de que estas aisladas tentativas culturales entre las mujeres tienen el mismo origen que los sistemáticos endémicos brotes culturales entre los hombres y representan la misma compensación. La cultura es aquí, como allá, el refugio de quienes han sido exiliados de la maternidad. En los hombres eso es natural, claro. Pero ¿en las mujeres?

La naturaleza cuida de la reproducción de sus criaturas. Entre las especies animales sexuadas el exceso de número de machos —según observa Lester F. Ward—[1] es un hecho normal y una medida que evita el riesgo de que alguna hembra quede infecunda. Y, como los machos no tienen más finalidad que la procreación, una vez cumplida ésta vienen a expirar en ella sin más trámites. Pero mientras más se asciende en la escala zoológica, el número proporcional de machos se restringe a cambio de que cada macho se torne capaz de fecundar un número mayor de hembras. Por otra parte la proporción numérica de machos y hembras guar-

[1] Citado por André Gide en *Corydón*, ficha bibliográfica consignada en la nota 9 del capítulo v.

da una estrecha relación con la cantidad de alimentos de los que puede disponer la especie. A mayor abundancia de alimentos corresponde un mayor número de hembras, y viceversa. Esta estadística es aplicable también a la especie humana. No sólo se supone, sino que también se comprueba por la experiencia, que en las tribus salvajes, mientras las condiciones de vida son más precarias, se conserva un equilibrio entre el número de mujeres y hombres que forman una sociedad. Pero en cuanto estas condiciones se vuelven favorables el equilibrio se rompe. A partir de la práctica de la agricultura y del cambio de la existencia nómada por el establecimiento en un lugar determinado y, por último, de la formación y engrandecimiento de las ciudades, sobreviene la elevación de las cifras de habitantes mujeres, hasta sobrepasar, en mucho, a la de los hombres.

Ahora bien, las relaciones entre los sexos han sido codificadas por el hombre atendiendo, no tanto a los intereses de la especie o de la totalidad de los individuos que la forman, sino a sus propios intereses sentimentales y económicos. Así se implantó, por lo menos en Occidente, la monogamia, que al mismo tiempo permite una más directa y fácil vigilancia sobre la mujer y por ende una mayor seguridad respecto de la paternidad (porque ésta, como dice Goethe, no es en última instancia más que una simple cuestión de confianza)[2] y exige menos gastos para el sostenimiento de la familia. Pero arregladas de este modo las cosas quedan miles de mujeres excluidas de su finalidad propia, anuladas en su personalidad y en su misión, negadas en su vocación. Este problema, en pie desde épocas inmemoriales (Bucher afirma que durante la Edad Media, en Francfort, el número de mujeres que vivían solas llegó a representar la sexta parte de los contribuyentes y, a veces, aún más. Esta estadística no incluye los centenares de monjas, prebendadas, etc.),[3] se agrava conforme pasan los años. No sólo por el aspecto cuantitativo que implica el crecimiento de los centros de población y por consiguiente la cifra cada vez mayor de mujeres, sino también porque ya no les afecta únicamente a las mujeres que se encuentran colocadas fuera del matrimonio, sino que incluye a las que están dentro de él. En efecto, la inseguridad de las condiciones económicas, la amenaza siempre inminente de la guerra (y con ella y sus calamidades la terrible convicción de que la vida

[2] Frase de Goethe que se encuentra en *Wilhelm Meister*, citada por Augusto Bebel en su libro *La mujer en el pasado, el presente y el porvenir*, sin consignación de traductor, Editorial América, México, 1948.

[3] Dato recogido por Robert Arnold en su libro *Cultura e ideales del Renacimiento*, sin consignación de traductor, Ediciones Monos, México, sin fecha de edición.

no vale la pena de ser conservada y perpetuada en un mundo tan estúpidamente cruel donde un hijo ya no es más el eslabón de una cadena interminable en el tiempo sino una próxima carne de cañón), la persecución del placer (la satisfacción individual debe ser lo primero en una sociedad en la que el individualismo se exalta y nada hay más opuesto al individualismo que la maternidad, la brecha por donde la mujer, negando su egoísmo, se abre al universo, conoce su lugar en él y lo ocupa) y la desaparición del sentido del deber, de la obligación, el relajamiento de la moral, los avances científicos en el terreno de los métodos anticoncepcionales que posibilitan el control de la natalidad, hacen bajar sensiblemente los índices que la registran en las naciones civilizadas. Pero el problema no sólo afecta a las mujeres que no tienen hijos porque no pueden o porque se niegan a ello, sino a aquellas mismas a quienes la maternidad les ha sido concedida pero que no les resulta ya satisfactoria por vivir en un mundo donde por todos los medios se desvaloriza el principio femenino y lo que representa. Este fenómeno, típico según Brachfeld[4] de las sociedades hiperintelectualizadas, acaba por ser aceptado y compartido por aque-

[4] En su libro *Los complejos de inferioridad de la mujer,* ficha bibliográfica consignada en la nota 4 del capítulo VI.

llas personas sobre quienes esa desvalorización se ejerce y determina en ellas una reacción imitativa del estilo varonil, un anhelo de asimilación de las cualidades masculinas, una creencia de que solamente luchando con armas de hombre se logrará la victoria. Esta reacción es falsa, inauténtica, nociva pero inevitable. ¿Hacia qué modo de conducta puede aspirar la mujer, despojada de sus formas peculiares de vida, no sólo por las circunstancias, sino, lo que es peor, por la idea, tan arraigada ya en ella que no reconoce su procedencia exterior, de que esas formas deben ser despreciadas? ¿Adónde sino a las formas que los demás exaltan y que ella se engaña creyendo que admira?[5] Si, como dice Bou-

---

[5] Alguien podría decir que si las mujeres han permitido que se les considere inferiores y se les trate como tales es porque son inferiores. No se trata de eso. Ya hemos apuntado antes (en el capítulo VI) que "todas las humillaciones se soportan, todas las condiciones se aceptan siempre que la mujer pueda, al través de ellas, convertirse en madre". Pero cuando esa humillación consiste en decir que no es inteligente (cuando la inteligencia no es habitualmente la meta de las ambiciones femeninas) y que es débil (cuando esta supuesta debilidad la exime de trabajos pesados y desagradables) se explica que se acepte sin protestas. Pero cuando a esta humillación se añade la imposibilidad de cumplir con el destino propio, ya no hay una aceptación tan pasiva. Y si antes no se paraba mientes en las ideas masculinas, cuando se advierte que el resultado de esas ideas afecta tan gravemente a la mujer ésta empieza a considerarlas y a ponderarlas. Y a fingir que las comparte. Si la condición para no ser rechazadas y despreciadas es la de convertirse en seres intelectuales y fuertes, habrá que tratar de convertirse. Pero aquí esta adecuación a los conceptos masculinos ya no tiene éxito pa-

mier,[6] los dones de la mujer existen nada más en vista de la maternidad; que su manera de ser, de amar, de pensar, de sufrir, corresponde a la necesidad actual o virtual de ser madre; que sus inclinaciones, sus acciones y reacciones, desde la infancia hasta la vejez, provienen del sentimiento materno respetado, violado; y si la sociedad está organizada de tal modo que se viola sistemáticamente este sentimiento, esta necesidad y esta satisfacción, hemos de sentir forzosamente las consecuencias. Y las sentimos. La enorme carga de energía, de potencia, de actividad, que la mujer reprime al desviarse de su meta natural o al no encontrarla ya suficiente ni satisfactoria, tiene que hallar una forma de desbordarse. Se encauza en las dos direcciones que marca Freud: la histeria y la cultura, la enfermedad y el trabajo. Tales son los términos de la disyuntiva. No nos referiremos aquí al primero con todo y ser muy importante y no desaparecer nunca totalmente del horizonte, aun del de aquellas que han elegido o que han sido ca-

ra la mujer. Porque consiste en negar que la feminidad y la maternidad sean valiosas. Su vieja táctica resulta esta vez inadecuada. Y entonces sí comparte de veras con el varón el desprecio a su sexo y desea evadirse de él para pertenecer al otro.

[6] Citado por Pierre Tiberghien en su ensayo sobre *La persona de la mujer,* recopilación y traducción de Héctor González Uribe, en el libro *Persona y familia,* sin consignación de imprenta, México, 1947.

paces del segundo. Es obvia la figura de la solterona amargada y neurótica y no hay que insistir en ella. Nuestra intención ha sido, desde el principio, referirnos a la segunda.

El trabajo ha tenido, en la inmensa mayoría de los casos, la finalidad inmediata de resolver los problemas económicos más urgentes. Las mujeres de todas las épocas (pero especialmente desde la Edad Media en adelante) han tenido que enfrentarse a la cuestión económica en unas circunstancias muy desfavorables, pues no sólo la opinión era hostil a las mujeres trabajadoras sino que los puestos estaban sólidamente ocupados y desempeñados por hombres, y éstos no tenían la menor intención de cederlos. (Acaso la opinión se inclinaba a la hostilidad para disminuir y si era posible evitar la competencia en este terreno.) No obstante, las mujeres se filtraron insensible, lentamente, desde los gremios más permeables hasta los más herméticos y llegaron incluso a acaparar oficios (manuales, desde luego) o a predominar en ellos o a igualarse con sus competidores varones. Algunas profesiones, como por ejemplo la profesión de médico ginecólogo y partero, era exclusiva de las mujeres, quienes, en gran número, la practicaban (en las ciudades alemanas llegaron a contarse hasta mil quinientas mujeres médicos) y suponemos que sin un perjuicio excesivo de los pacientes puesto que la especie sobrevive. Es más, escribían tratados de popularización sobre este tema, el más conspicuo de los cuales es el opúsculo redactado por Santa Hildegarda. Otro oficio controlado y ejercido únicamente por las mujeres fue el de la cosmética. (Siempre el cuidado del cuerpo, siempre éste ocupando para las mujeres el puesto de importancia primordial.)

Pero con todo quedaban todavía infinidad de mujeres solas y sin manera de sostenerse. Muchas se dedicaron al vagabundeo y a la prostitución y otras fueron recogidas por la Iglesia, institución que se preocupó mucho por el destino de estos seres que tan fácilmente podían convertirse en parásitos sociales y les ofreció el asilo de los monasterios. (Recogió en cambio una abundante cosecha de santas, humildes unas, laboriosas otras y con una gran capacidad organizadora, exaltadas y visionarias las demás.) Pero no todas tenían vocación religiosa ni deseaban comprometerse con votos solemnes e indisolubles; se integró entonces, desde el siglo XIII, una nueva forma de comunidad: las beguinas o beaterios en los que se asociaban mujeres de diferentes clases sociales y estados civiles para explotar granjas enormes o talleres que se debían, por lo general, a donaciones piadosas a las que pronto añadían sus propias ganancias. La regla de estas comunidades era muy flexible: les estaba permitido entrar y salir con cierta libertad y aun contraer matrimonio si así lo querían o lo lograban.

El advenimiento de las nuevas condiciones sociales modificó la situación de las mujeres pero en muy escasa medida para mejorarla. En el siglo pasado la encontramos en Inglaterra (y mencionamos este lugar porque fue ahí donde se dieron las más decisivas batallas para la emancipación femenina) excluida de toda profesión bien retribuida y relegada a los más duros y peor pagados quehaceres de obrera. Pero a partir de la primera Guerra Mundial, cuando los hombres tuvieron que abandonar sus trabajos para alistarse como soldados, vemos a las mujeres invadir oficinas y profesiones, exigir derechos, alardear de igualdad con el hombre y ejercitar libertades. La figura de la mujer ya no es extraña en ninguna de las formas de vida. Pero no debemos olvidar las arduas batallas que tuvieron que presentar para la conquista de este derecho a ganarse la vida, derecho a ser como el hombre que él mismo hizo germinar al endiosarse inferiorizando a la mujer, derecho que hoy es reconocido sin reticencias excesivas y sin la oposición de obstáculos insalvables. La figura de la mujer ya no es extraña en ninguna de las formas de vida. Ni siquiera en las de la creación.

La cultura, ya hemos dicho que dice Freud, es una sublimación de los instintos. Tradicionalmente se consideraba que esta sublimación era imposible para la mujer. Pero el mismo Freud demostró, en "El nerviosismo y la moral sexual civilizatoria",[7] que el insuficiente desarrollo de la personalidad femenina, de su capacidad de amar e incluso de su desenvolvimiento intelectual, se debe a las inhibiciones que pesan sobre el conocimiento y la práctica del tema sexual. Los impulsos sexuales no podían ser sublimados transformándose en intereses culturales, morales, artísticos, pues todo lo que se refería a los instintos estaba, para la mujer, prematuramente reprimido. Hoy ya no sucede lo mismo. Es también a Freud a quien hay que agradecer o culpar de que la sexualidad, en sus aspectos teóricos y prácticos, sea ahora un fenómeno mucho más consciente y por ende más susceptible de dominación o transformación. La sublimación es ya una experiencia que las mujeres intentan. La cultura será su fruto.

Entre las diversas formas culturales de creación hay unas que requieren en mayor cantidad que otras un

[7] Citado por Brachfeld en su libro *Los complejos de inferioridad de la mujer,* ficha bibliográfica consignada en la nota 4 del capítulo VI.

temperamento especial (consistente en una poderosa capacidad de abstracción, de renunciamiento, de pérdida de vista de los bienes de la tierra), aparte de una técnica muy elaborada y compleja a la que es preciso dominar y poseer totalmente. Que exigen, en fin, instrumentos especiales internos y externos al sujeto, para poder ser llevadas a cabo y realizadas. La orientación hacia estas formas culturales de creación está condicionada por una vocación indudable hacia ellas, pero su realización depende sobre todo del aprendizaje, de la práctica. Si consideramos que las mujeres han sido tradicionalmente y *a priori* consideradas fuera de estos menesteres por la afirmación de que su capacidad auditiva no registra dichos llamados vocacionales por una falla perceptiva, síntoma de su inferioridad, y que, como consecuencia, se han cerrado durante siglos las puertas de los lugares donde se imparte la enseñanza de la técnica y del instrumental de estas formas culturales, no nos extrañará que la actividad de la mujer que trabaja no opere allí, sino que se desplace a otras formas o menos rigurosas o más accesibles.

La única carrera, dice Virginia Woolf,[8] que ha estado permanentemente abierta para la mujer es la litera-

[8] En su libro de ensayos *Tres guineas*, traducción de Román J. Jiménez, Ediciones Sur, Buenos Aires, 1941.

tura. La educación que se les impartía a los miembros de las familias más o menos acomodadas o pudientes desde la antigüedad, aunque precaria, no lo era nunca tanto como para que no les enseñaran a leer y a escribir. (Aunque lo que les proporcionaran como material de lectura no fuera precisamente lo mejor que se ha escrito sino lo que sus celosos guardianes calificaban como lo más inocuo.) Y si las mujeres querían escribir podían hacerlo porque no era demasiado difícil conseguir los elementos adecuados: el papel, la pluma, la cera y hasta, digamos remontándonos a épocas improbables, el barro cocido. En tanto que si una mujer pretendía pintar o esculpir, no con desearlo obtenía las telas y los colores (éstos no se expedían como hoy tan fácilmente y su composición y combinación eran secretos de los maestros que experimentaban con ellos hasta dar con la fórmula mejor) ni el mármol ni los cinceles. Ni podía asistir a academias o talleres donde aprender la técnica de estas artes ni le estaba permitido tener modelos humanos (mucho menos si éstos eran desnudos).

Pero no es sólo este aspecto que Virginia Woolf exhibe y recalca lo que hace a la literatura un camino más llano que los otros. Es también que ciertas formas artísticas así como las ciencias, las filosofías y las religiones, tienen todas su lenguaje especial, sus símbolos esotéricos, sólo comprensibles para los iniciados. Y que la iniciación es muchas veces larga, difícil, complicada antes de ser plena. Lo que no sucede (no tan acentuadamente por lo menos) en el terreno estrictamente literario. Aquí (en la apariencia por lo menos) el lenguaje que se emplea es el común y corriente, el que todos usan para hablar en las pláticas diarias. Sus palabras tienen el mismo sentido, la misma significación que tienen en la boca de un interlocutor habitual. Y muchas veces los libros literarios nos dicen lo mismo que nos dice el interlocutor habitual: nos cuenta, por ejemplo, que él conoció alguna vez a un muchacho que se enamoró tan desesperadamente de la esposa de su amigo, que tuvo que terminar por suicidarse. O nos describe ciudades y costumbres, o nos deslumbra con sus fantasías en las que se mezclan seres sobrenaturales o extraños pero siempre concretos, precisos, con un nombre y una configuración visible, casi palpable. O nos muestra la naturaleza y las conexiones ocultas entre los diversos objetos y sus semejanzas y parecidos (que es la función de la metáfora), o habla de las pasiones primordiales que uno ha padecido como hablaría uno si pudiera. El lector que lee por primera vez una novela o un poema tiene mayores probabilidades de gustarlos que las que tiene quien se acerca por primera vez, y desprevenido, a una obra de filosofía, a un tratado de matemáticas o de física. Y también mayores probabilidades de imitarlos. Entonces se imitan. Las mujeres, que a diferencia y como un dato fehaciente de su superioridad sobre los animales y su aproximación a lo humano han cruzado el Rubicón de la palabra, que son capaces de aprender a hablar (de lo que se duda es de que sean capaces de cesar de hacerlo alguna vez) y de usar el lenguaje, resultan entonces capaces también de imitar los libros literarios, de intentar hacer literatura. La historia confirma esta capacidad al consignar sus tentativas. Desde Safo, hasta su más reciente y más o menos escandalosa sucesora, es en la literatura donde encontramos los más abundantes frutos de la actividad creadora femenina exiliada de la maternidad. Simmel[9] opina que dentro de la literatura es la novela el género donde la mujer puede hallar el más propicio modo de verterse, si se concibe la novela, como lo hacía Saint-Real,[10] como un espejo colocado frente a un camino,

[9] En *Cultura femenina y otros ensayos,* ficha bibliográfica ya consignada en la nota 4 del capítulo I. Veáse también en la página 51 de ese mismo capítulo las frases de Simmel al respecto y que allí se encuentran reproducidas.

[10] "Una novela es un espejo que paseamos a lo largo del camino". Definición de Saint-Real que Stendhal coloca como epígrafe al capítulo XII de su

al que, simplemente, refleja. En cambio Federico de Onís[11] cree más bien en la poesía lírica por ser un inmediato desbordamiento de la emoción, un quejarse cuando a uno le duele algo y cantar cuando se está contento sin tener necesidad de hacer conscientes los propios estados de ánimo, ni de objetivarlos, ni someterlos a una elaboración más compleja. Aparte de que el esfuerzo es menor porque la poesía lírica es, por lo general, de dimensiones (en el sentido de la extensión) menores que la novelística, puede aducir que en el proceso histórico la aparición de la lírica es anterior a la de la novela y que el hombre primitivo y el niño hablan con más facilidad en verso que en prosa. Desdeñamos esta discusión en la que ambos pueden estar en lo cierto. La experiencia nos dice que las mujeres han intentado, con éxito, tanto la novela como la poesía. Aunque nunca con un éxito excesivo. Se les reprocha la pobreza de sus temas y la falta de originalidad en el modo de desarrollarlos, la falta de una generosa intención. En fin, se les acusa de mediocridad y de que su imitación de las obras hechas por los hombres es demasiado bur-

novela *Rojo y negro,* traducción de Francisco Ugarte, Editorial Sopena, Buenos Aires, 1941.

[11] En las partes que dedica a la poesía femenina hispanoamericana en su *Antología de la poesía española e hispanoamericana,* publicaciones de la Revista de Filología Española, Madrid, 1934.

da. No se trata de exigirles a las mujeres que, como entre algunos indígenas del Caribe, fabriquen un idioma especial para su uso.[12] Sólo se espera de ellas que tengan un estilo propio, una característica inconfundible, en fin, una especie de marca de fábrica. Pero ésta existe. Es ligeramente extraño que no la hayan advertido quienes formulan esta exigencia, porque la marca de fábrica es un defecto, un defecto que, por su constancia, por su invariabilidad, por su persistencia en toda obra salida de manos de mujer, tiene que ser considerado y admitido como estilo, característica y modo distintivo. Este defecto es el narcisismo.

A la literatura se puede ir como a un camino, amplio o estrecho, pero largo, que conduce a quien lo transita lejos de sí mismo. A la literatura puede uno acercarse como a una puerta para salir del propio encierro, para trascender, para romper el férreo círculo de la individualidad, para lograr que la serpiente del pensamiento, del sentimiento, de las sensaciones, deje de morderse la cola. A la literatura puede tomársela como un espejo. Pero como el espejo de Saint-Real, colocado a la orilla de un camino por donde discurren los demás, camino que se vierte en el cristal y duplica en él

[12] Costumbre descrita por Pablo Krische en *El enigma del matriarcado*, ficha bibliográfica ya consignada en la nota 6 del capítulo VI.

sus acontecimientos. La literatura es una imagen del mundo, de un mundo "ancho y ajeno".[13] El estilo, lo inconfundible, lo peculiar de cada autor, es el punto de vista en el cual se coloca para la contemplación de ese mundo, la sección de realidad que capta, el ambiente que retrata. Con qué palabras. En qué substantivos hace que se transmuten los objetos, con qué adjetivos los califica, es decir, los señala; con qué luz, con qué color, con qué matiz los ilumina.

Pero he aquí que vienen las mujeres a la literatura trayendo a cuestas sus sentimientos maternales frustrados, esos sentimientos en cuya satisfacción encuentran la inmortalidad (la inmortalidad somática de la que habla Weissmann)[14] y en cuyos frutos, los hijos, se le presenta, como dice Freud,[15] una parte de su propio cuerpo como un objeto exterior pero todavía íntimo,

[13] Título de una novela de Ciro Alegría que he visto en los escaparates pero que no he leído.

[14] Citado por Freud en su ensayo *Más allá del principio del placer,* versión castellana de la segunda edición alemana corregida que apareció en Internationaler Psychoanalystischer Verlag, Viena, 1921, hecha por Luis López Ballesteros, tomo II de la *Biblioteca de Psicología Contemporánea,* Editorial Americana, Buenos Aires, 1943

[15] Citado por Freud en "Introducción al narcisismo", ensayo publicado en el *Jahrbuch fur Psychoanalyse* en 1914, traducción de Luis López Ballesteros y de Torre, tomo XIV de la *Biblioteca de Psicología Contemporánea,* Editorial Americana, Buenos Aires, 1943.

ligado a ellas mismas, prolongando su propio ser y al que, sin embargo, ya pueden consagrar un pleno amor objetivado. Vienen, no porque haya perdido vigor este sentimiento y sus maneras de expresarse, no porque hayan perdido el respeto a su corporeidad ni la hayan hecho descender de la alta estima en la que irracional pero profunda, inconmoviblemente la colocan desde siempre, sino que por un motivo o por otro no han podido encauzar este sentimiento por el cauce natural y correcto. La necesidad de desbordamiento, de trascendencia, se encuentran con otro cauce el literario, no importa si adecuado o no, pero posible. Y se derraman en él. Poseyendo un lenguaje más rico, variado y completo mientras más culta y elevada es la clase a la que la mujer pertenece (y, por lo general, la mujer que escribe pertenece a las clases más cultas y elevadas en su medio, las mismas que tienen ya resuelto el problema económico) [ella] lo emplea. ¿Cómo? ¿Como los hombres, para ensanchar sus límites individuales, para abarcar la tierra, para proporcionar un eco a la naturaleza? Nada de eso. Lo emplea exactamente en el sentido contrario: para marcar bien sus límites, para afirmarse sólidamente dentro de su individualidad, para proporcionarse un eco propio. El espejo se retira del camino, niega su cristal a los que pasan y viene a instalarse, la mayor y desconsoladora parte de las veces, en un coqueto *boudoir*. Ya no más paisaje campo abierto, abigarradas figuras. El espejo copia, fiel, minuciosamente un rostro, un cuerpo. Está todo inundado, rebosante de él. Y aquí interviene el estilo: un punto de vista, un mundo contemplado, una sección de la realidad, un ambiente, un substantivo, un adjetivo, todo condensado en un solo vocablo: yo. Y no es un yo hago: pienso, siento, digo. Es un yo soy: yo soy mi cuerpo. Y en ocasiones, para despistar, tú, ellos, aquel lugar. Pero tú, ellos, aquel lugar, en su relación conmigo. En ocasiones, raras, lo absoluto, la divinidad. Pero la divinidad escogiéndome a mí para revelarse, haciéndose un sitio en mi cuerpo, aposentándose en él, conmoviéndolo, marcándolo, extasiándolo.

Este estilo, si no crea, por lo menos adopta y cultiva con asiduidad un género en el que mejor puede desarrollar sus características. Este género es la autobiografía. Desde la dama renacentista a la que se refiere Arnold[16] que "narra con realismo impresionante la propia historia de su vida con más detalle del que conviene al decoro femenino" hasta la condesa de Noailles, las mujeres han preferido retratarse ellas mismas, temerosas

[16] Robert Arnold en su libro *Cultura e ideales del Renacimiento*, ficha bibliográfica ya consignada en la nota 3 del capítulo VII.

acaso, no tanto de que sus biógrafos no conocieran bien sus cualidades y las disminuyeran con notoria injusticia, sino más bien de que no existieran sus biógrafos. Para no correr ese riesgo acometieron por sí mismas la empresa y lo hicieron con amor, con un amor en el que no se les enfrentaría nunca rival tan rendido. El resultado ya no es cómico sino patético. La creencia sobre el valor de sus prendas, de sus actitudes, de sus resoluciones es tan íntegra, tan ingenua, tan no turbada por ninguna duda, que no puede menos que enternecer. Molesta en cambio es una modestia que a cada paso deja asomar la oreja de su falsedad. Como cuando las mujeres no se atreven a mirarse simple y directamente ni a hablar, sin rodeos, de lo que más les interesa y les apasiona, que es su propia personalidad, y afectan estar hablando de otras cosas al través de las cuales no dejan de insinuarse ellas mismas. Éste es el caso de algunas novelas que aparentan una objetividad de la que se hallan muy lejos para presentar una protagonista adornada de todos los esplendores de la belleza y la virtud que es evidentemente la autora. Irrita esa clase de poesía lírica pseudoamorosa (se podría decir también pseudopoesía) tan cultivada por las mujeres hispanoamericanas en la que el sentimiento y su expresión no abandonan jamás los estrechos ámbitos de la indi-

212

vidualidad y describen, más que nada, procesos fisiológicos internos, fenómenos cuya relación con el mundo de afuera (a pesar de que esta relación trate de señalarse y acentuarse) aparece siempre borrosa, improbable, como si no tuvieran ni su origen en un estímulo exterior ni debieran a él su desarrollo.

Este dato de narcisismo, de subjetividad tan sin concesiones, esta feroz individualidad tan constante en las obras de mujeres, tan, diríamos sin excepción, se enmascara a veces con el lenguaje más depurado, pero no desaparece. La capacidad de abstracción, de objetividad, de proyección hacia lo que no es uno mismo, de identificación con lo demás por medio del arte literario, parece ser un don negado a la mujer que escribe. Algunas, que con una intuición más aguda, se han dado cuenta de esta limitación, han pretendido superarla. Acaso con un propósito consciente, con largo tiempo de disciplina, el don de la objetividad se conquistará. Es una orientación hacia un horizonte posible. Pero ignoramos si sería deseable. Si es imprescindible que las mujeres escriban, cabe esperar, al menos, que lo hagan buceando cada vez más hondo en su propio ser en vez de efectuar tentativas lamentablemente fallidas de evasión de sí mismas (ya la misma profesión literaria es una tentativa de evasión) que no la llevan tan lejos como se quisiera pero sí lo suficiente como para colocarla en un terreno falso que ni conoce ni domina. Lo que cabe desear es que invierta la dirección de ese movimiento (ya que no invierte la dirección del movimiento que la aparta de su feminidad confinándola a una mimetización del varón) volviéndolo hacia su propio ser, pero con tal ímpetu que sobrepase la inmediata y deleznable periferia apariencial y se hunda tan profundamente que alcance su verdadera, su hasta ahora inviolada raíz, haciendo a un lado las imágenes convencionales que de la feminidad le presenta el varón para formarse su imagen propia, su imagen basada en la personal, intransferible experiencia, imagen que puede coincidir con aquélla pero que puede discrepar. Y que una vez tocado ese fondo (que la tradición desconoce o falsea, que los conceptos usuales no revelan), lo haga emerger a la superficie consciente y lo liberte en la expresión.

CONCLUSIONES

1. A LA PREGUNTA de si existe la cultura femenina (concibiendo el término *cultura* como realización de los valores, los valores como cualidades en las que se reconoce un conferidor de eternidad, cualidades susceptibles de ser conocidas y realizadas por el espíritu, forma de conocimiento y modo de conducta específicamente masculinos), los especialistas del tema y los no especialistas, es decir, todos, responden negativamente.

2. La no intervención de la mujer en los procesos culturales puede interpretarse como una indiferencia hacia los valores, pero esta indiferencia tiene su origen, según nuestra opinión, no en una incapacidad específica femenina para apreciarlos (lo que tornaría inexplicable la conducta, aunque no sea más que excepcional y escasamente relevante, de algunas mujeres que sí han intervenido en los procesos culturales, que no han sido indiferentes para los valores), sino en una falta de interés hacia ellos, emanada, no de la inexistencia de una necesidad (la de eternizarse) sino

de la posibilidad de satisfacer en otra forma dicha necesidad.

3. La mujer satisface su necesidad de eternizarse por medio de la maternidad y perpetúa, al través de ella, la vida en el cuerpo, el cuerpo sobre la tierra.

4. La maternidad es un instinto capaz de transformarse en sentimiento consciente y, cuando por motivos físicos, psicológicos o sociales no es correctamente ejercitado, provoca en el sujeto una tentativa de compensación en otro terreno que es, por imitación y por falta de otras alternativas y la carencia de una perspectiva mejor, el de la cultura.

5. La orientación de la actividad femenina hacia la dirección cultural no es pues ni originaria ni auténtica, sino un mero producto de una frustración. Si a este factor agregamos otro que es el de que las formas culturales han sido creadas por hombres y para hombres, nos resultará evidentemente justificada la escasez de las aportaciones de las mujeres, la poca originalidad de ellas y su casi nula importancia.

6. Entre las formas culturales la mujer escoge las más accesibles, las que exigen menos rigor y disciplina, las que son más fácilmente falsificables e imitables. De ahí que haya sido la literatura (y de los géneros literarios la novela y la lírica) el más socorrido salvavidas de la mujer.

BIBLIOGRAFÍA

Arnold, Robert F., *Cultura e ideales del Renacimiento*, s. t., Ediciones Monos, México, D. F., s. f.

Baldacci, Elio, *Vida privada de las plantas*, trad. Emilio Vera González, Colección Ciencia y Cultura, Editorial Sudamericana, Buenos Aires, 1941.

Bashkirtseff, María, *Diario de mi vida*, trad. María Elena Ramos Mejía, Colección Austral, Espasa-Calpe Argentina, Buenos Aires, 1944.

Bebel, Augusto, *La mujer en el pasado, el presente y el porvenir*, s. t., Editorial América, México, D. F., 1948.

Bergson, Henry, *Materia y memoria. Ensayo sobre la relación del cuerpo con el espíritu*, trad. Martín Navarro, imprenta de Victoriano Suárez, Madrid, 1900.

————, *La evolución creadora*, trad. y selección de Fernando Vela, Revista de Occidente Argentina, Buenos Aires, 1947.

Bolo, Henry, *El feminismo y la Iglesia*, s. t., Librería Religiosa de Montesio, Herrera y Compañía, México, D. F., 1904.

Buber, Martín, *¿Qué es el hombre?*, trad. Eugenio Ímaz, Breviarios, Fondo de Cultura Económica, México, D. F., 1949.

217

Carrel, Alexis, *La incógnita del hombre,* s. t., Editorial Victoria, Montevideo, s. f.

Dempf, Alois, *Filosofía de la cultura,* trad. J. Pérez Bances, imprenta de Galo Sáenz, Revista de Occidente, Madrid, 1933.

Deschanel, Émile, *Lo bueno y lo malo que se ha dicho de las mujeres,* trad. Luis Marcos, La España Moderna, Madrid, s. f.

Deutsch, Helene, *La psicología de la mujer,* trad. Felipe Jiménez de Asúa, Editorial Losada, Buenos Aires, 1947.

Duncan, Isadora, *Mi vida,* trad. Luis Calvo, Biblioteca Contemporánea, Editorial Losada, Buenos Aires, 1947.

Eucken, Rodolfo, *La vida. Su valor y su significación,* trad. y estudio crítico de Eloy Luis André, Biblioteca Científico-Filosófica, imprenta de Daniel Jorro, Madrid, 1912.

Feijóo, Benito Jerónimo. *Obras escogidas,* Biblioteca de Autores Españoles, Madrid, imprenta de Perlado, Páez y Compañía, Madrid, 1903.

Ferrater Mora, José, *Unamuno. Bosquejo de una filosofía,* Biblioteca Contemporánea, Editorial Losada, Buenos Aires, 1944.

Finke, Enrique, *La mujer en la Edad Media,* trad. Ramón Corande, Revista de Occidente, Madrid, 1926.

García Máynez, Eduardo, *Ética,* Centro de Estudios Filosóficos, Universidad Nacional de México, México, D. F., 1944.

218

García Morente, Manuel, *Lecciones preliminares de filosofía,* Biblioteca Filosófica, Editorial Losada, Buenos Aires, 1941.

Gide, André, *Corydón,* trad. Julio Gómez de la Serna, México, D. F., s. p. i., 1946.

González Uribe, Héctor, *Persona y familia,* Colección de Estudios Sociales, México, D. F., s. p. i., 1947.

Grau, Kurt Joachim, *Lógica,* 3ª edición, trad. Domingo Miral, Editora Nacional, México, D. F., 1946.

Gurvitch, Georges, *Las tendencias actuales de la filosofía alemana,* trad. P. Almela y Vives, Biblioteca Contemporánea, Editorial Losada, Buenos Aires, 1939.

Huxley, Julian, *Ensayos de un biólogo,* trad. León Dujovne, Editorial Sudamericana, Buenos Aires, 1939.

Kant, Emmanuel, *Filosofía de la historia,* trad. y prólogo de Eugenio Ímaz, La Casa de España en México, México, D. F., 1941.

Katz, David, *Animales y hombres. Estudios de psicología comparada,* trad. José Germain y A. Melián, Espasa-Calpe, Madrid, 1942.

Krische, Pablo, *El enigma del matriarcado,* trad. Ramón de la Serna, Revista de Occidente, Madrid, 1930.

Larroyo, Francisco y Miguel Cevallos, *La lógica de la ciencia,* 4ª edición, Librería Porrúa Hermanos, México, D. F., 1943.

Lombroso, Gina, *El alma de la mujer,* trad. Eduardo Blanco-Amor, Emecé Editores, Buenos Aires, 1945.

Ludovici, M. Anthony, *Lysístrata. El porvenir de la mujer y la mujer del porvenir,* s. t., Revista de Occidente, Madrid, 1926.

Messer, Augusto, *La estimativa o filosofía de los valores en la actualidad,* trad. Pedro Caravia, Sindicato Exportador del Libro Español, Madrid, 1932.

Moebius, P. J., *La inferioridad mental de la mujer. La deficiencia mental fisiológica de la mujer,* trad. Carmen de Burgos, F. Sempere y Compañía, Editores, Valencia, s. f.

Nietszche, Federico, *Así hablaba Zaratustra,* trad. F. N. J., Editorial América, México, D. F., 1946.

Noailles, Ana de, *El libro de mi vida,* trad. Pedro Labrousse, Ediciones Cóndor, Buenos Aires, 1932.

Oliver Brachfeld, F., *Los complejos de inferioridad de la mujer. Introducción a la psicología femenina,* Sociedad Anónima Horta, Barcelona, España, 1949.

Orestano, Francesco, *Los valores humanos,* trad. Vicente Paúl Quintero, Colección "Los Pensadores", Biblioteca Argos, Buenos Aires, 1949.

Pittaluga, Gustavo, *Grandeza y servidumbre de la mujer,* Editorial Sudamericana, Buenos Aires, 1946.

Rickert, W., *Ciencia natural y ciencia cultural,* trad. Manuel García Morente, Colección Austral, Espasa-Calpe Argentina, Buenos Aires, 1943.

Robles, Oswaldo, *Propedéutica filosófica. Curso de introduc-*

ción general a la filosofía, 2ª edición, Editorial Porrúa, México, D. F., 1947.

Roger, Henri, *Elementos de psicofisiología,* trad. Rafael Sampayo, Colección "El Espíritu Científico", Biblioteca Argos, Buenos Aires, 1948.

Romero, Francisco, *Filosofía de la persona,* Biblioteca Contemporánea, Editorial Losada, Buenos Aires, 1948.

Sainte-Beuve, *La mujer y el amor en la literatura francesa del siglo XVII,* trad. María Enriqueta, Editorial América, Madrid, s. f.

Scheler, Max, *El saber y la cultura,* trad. José Gómez de la Serna, Revista de Occidente, Madrid, 1926.

———, *El puesto del hombre en el cosmos,* trad. José Gaos, Editorial Losada, Biblioteca Filosófica, Buenos Aires, 1943.

———, *Ética. Nuevo ensayo de fundamentación de un personalismo ético,* trad. Hilario Rodríguez Sanz, Revista de Occidente, Madrid, 1941.

Schopenhauer, Arturo, *El amor, las mujeres y la muerte,* s. t., Ediciones Mexicanas, México, D. F., 1945.

Sevigné, madame de, *Cartas escogidas,* trad. Fernando Soldevilla, Librería Española de Garnier Hermanos, París, 1888.

Simmel, Georg, *Cultura femenina y otros ensayos,* 3ª edición, trad. Eugenio Ímaz, José Pérez Bances, Manuel García Morente y Fernando Vela, Colección Austral, Espasa-Calpe Argentina, Buenos Aires, 1941.

Spengler, Oswald, *La decadencia de Occidente. Bosquejo de una morfología de la historia universal,* trad. Manuel García Morente, Biblioteca de Ideas del Siglo XX, Espasa-Calpe, Madrid, 1932.

Spranger, Eduardo, *Ensayos sobre la cultura,* trad. Amalia H. Raggio, Colección "Los Pensadores", Biblioteca Argos, Buenos Aires, 1947.

―――, *Formas de la vida. Psicología y ética de la personalidad,* trad. Ramón de la Serna, Revista de Occidente, Buenos Aires, 1946.

Unamuno, Miguel de, *La agonía del cristianismo,* Biblioteca Contemporánea, Editorial Losada, Buenos Aires, 1938.

―――, *Del sentimiento trágico de la vida,* 6ª edición, Colección Austral, Espasa-Calpe Argentina, Buenos Aires, 1943.

Valéry, Paul, *Política del espíritu,* trad. Ángel J. Battístesa, Colección "La Pajarita de Papel", Editorial Losada, Buenos Aires, 1940.

Vives, Juan Luis, *Instrucción de la mujer cristiana,* Colección Austral, Espasa-Calpe, Buenos Aires, 1940.

Voronoff, Sergio, *Del cretino al genio,* trad. Pablo Simón, Colección "Scientia", Editorial Poseidón, Buenos Aires, 1943.

Weininger, Otto, *Sexo y carácter,* trad. Felipe Jiménez de Asúa, Biblioteca Filosófica, Editorial Losada, Buenos Aires, 1942.

222

Windelband, Wilhelm, *Historia de la filosofía,* trad. e índices analíticos de Francisco Larroyo, Antigua Librería Robredo, México, D. F., 1943.

Woolf, Virginia, *Tres guineas,* trad. Román J. Jiménez, Ediciones Sur, Buenos Aires, 1941.

ÍNDICE

I. *Planteamiento de la cuestión* 41
¿Existe una cultura femenina? Exposición del pensamiento de Schopenhauer, Weininger, Simmel, a este respecto.– Citas de otros autores.– Conclusión: No existe una cultura femenina y aun la mera suposición de la posibilidad de su existencia es ridícula. La mujer es un ser inepto para otra actividad que no sea la de cumplir sus funciones sexuales y maternales.– ¿Es lícita esta conclusión? ¿Por qué?

II. *Intermedio a propósito del método* 80

III. *Concepto de cultura* 89
La cultura considerada como producto del trabajo humano.– Su contraposición con el término *naturaleza*.– Las leyes que rigen en el ámbito natural y en el cultural: causalidad y teleología.– El fin que se persigue al través de la creación cultural: la realización de los valores.– Las formas de la cultura.

IV. *Teoría de los valores* 117
La axiología y sus problemas:
1. El problema ontológico.– El valor, ser ideal.– El

ser del valor: el valer.– El valer, cualidad de no ser indiferente.– Como cualidad no es sustantiva sino que se adhiere a un objeto que desde entonces se califica como valioso.– El no ser indiferente implica el no ser indiferente para alguien: un sujeto que reacciona, respecto al valor, con un sentimiento y una actitud de atracción o repulsión.

a) Las relaciones del valor y el objeto.– Los bienes.
b) Las relaciones del valor y el sujeto.– El valor es para el sujeto el satisfactor de una necesidad.– La necesidad nace de la insuficiencia del ser que se ve obligado a buscar fuera de sí lo que en sí mismo no tiene.– La insuficiencia es la característica primordial del ser vivo, quien para preservar en su ser (en opinión de Spinoza la tendencia a la perseveración en el ser es común a todos los seres) acude a elementos de los que carece y que se encuentran situados fuera de él. Estos elementos son de los que necesita y que, como satisfactores, son considerados valiosos.– La necesidad tiene manifestaciones múltiples pero una sola intención: la de conservar la vida.– En el ser humano la necesidad de conservar la vida tiene la misma raíz que en el animal y en la planta pero más perfectos y complicados modos de satisfacerse.– Las instituciones sociales, económicas, jurídicas y científicas tratan de asegurar al individuo humano y a la especie una existencia

mejor, más amplia, más completa, más rica.–
Valores que realizan estas instituciones son
meramente técnicos.– Ninguno de ellos supera el obstáculo de la muerte. El afán humano
de inmortalidad vira entonces hacia otras
direcciones, hacia otras formas de la realidad y
se enfoca en otro tipo de valores: los estéticos
(el arte estuvo en sus principios muy ligado
con la magia.– Representar los objetos era
dominarlos, nombrarlos era conferirles una
existencia.– Hoy es la supervivencia a través de
una obra, de una memoria. El arte es como el
arca de Noé, el lugar donde los objetos que en
ella se refugian se salvan del naufragio en el
tiempo), los filosóficos (la filosofía era para
Platón preparación para la muerte pero también disciplina para lograr la inmortalidad. Es
una búsqueda de la verdad que se cierne por
encima de las opiniones de los hombres, pere-
cederos, y de la acción destructora del tiempo)
y los religiosos (que garantizan la inmortalidad por medio de la fe en un ser inmortal:
Dios). La ética es el conjunto de reglas
mediante las cuales se alcanza el fin que el sujeto se ha propuesto: la realización de un valor.

c) La jerarquía de los valores se establece partiendo desde tres puntos de vista: desde el
punto de vista de los valores mismos son más
altos aquellos que son más independientes, no

sólo respecto de los demás valores, sino respecto de los objetos en los cuales encarnen y del sujeto que los estime o sea capaz de realizarlos.– Desde el punto de vista del objeto son más valiosos aquellos que son más perdurables.– Desde el punto de vista del sujeto son más valiosos los que mejor satisfacen la necesidad más fundamental.– Los tres puntos de vista coinciden declarando así que el valor supremo es la eternidad

2. El problema gnoseológico.– El conocimiento de los valores.– Los valores son susceptibles de ser conocidos y apreciados.– El sujeto puede conocer el valor ya sea instintiva, irracionalmente, pero puede también, sobre esta primitiva irracionalidad, elaborar la explicación, intentar el análisis, lograr el esclarecimiento.

3. El problema de la realización de los valores.– Los valores son susceptibles de ser realizados.– El sujeto puede realizar los valores.– El sujeto se comporta libremente ante la posibilidad positiva y la posibilidad negativa de la realización de los valores. La capacidad del sujeto humano de conocer los valores y de realizarlos se llama espíritu.

V. *Descripción del espíritu* 147
El espíritu es una forma de conocimiento y un modo de conducta.– Sus relaciones con otras formas de conocimiento y modos de conducta: la sensibilidad,

el instinto, la inteligencia.– Las características del espíritu: la conciencia de la temporalidad, la limitación y la muerte; el deseo, emanado de esta conciencia, de superar el tiempo, ensanchar los límites, burlar la muerte.– El genio es el que tiene una necesidad más intensa de inmortalidad (Weininger). Pero también mayores posibilidades de satisfacer esta necesidad.– La salvación por medio de la realización de los valores culturales.– Instrumentos con los que el espíritu cuenta para conocer y actuar, obstáculos que se le oponen: el cuerpo.– Espíritu y sexo.

VI. *El espíritu femenino* 174
Su indiferencia hacia los valores culturales.– No nace esta indiferencia de la incapacidad de la mujer para conocer los valores sino de la posibilidad de adoptar otros modos de conducta. La mujer no tiende al valor, aun apreciando en él un conferidor de la eternidad, porque su ansia de eternidad dispone, para satisfacerse, de una manera de supervivencia más directa: la maternidad.– El sentimiento maternal, atributo estrictamente humano, y el instinto maternal de las hembras de especies animales.– Las diferencias con el sentimiento de paternidad.– La covada.– Semejanzas entre la madre y el genio.

VII. *Sobre cultura femenina* 192
Situación social de la mujer.– La frustración del sentimiento maternal origen de su interés por la cultura

y su deseo de realizarla.– Entre las formas culturales la mujer encuentra más accesibles algunas en tanto que otras le permanecen vedadas.– La literatura, forma cultural adecuada a la expresión de la mujer.– La literatura femenina.– Su característica.– El límite y la esperanza.

Sobre cultura femenina, de Rosario Castellanos, se terminó de imprimir y encuadernar en febrero de 2005 en Impresora y Encuadernadora Progreso, S. A. de C. V. (IEPSA), Calz. de San Lorenzo, 244; 09830 México, D. F. La edición consta de 3 000 ejemplares.